留学・キャリアコンサルタントが教える

留学帰国者の就活

「就職できない！
こんなはずじゃなかった！」をなくす本

本橋 幸夫

本の泉社

はじめに

「留学したのに帰国後、就職できない！」「こんなはずじゃなかった！」

近年、こうした悲痛な声が聞かれるようになりました。決して安くない留学費用を負担し、二度と取り戻すことができない貴重な時間を費やしているのですから、こうした声を聞くたびにとても残念な気持ちになります。

では、留学で得た力や経験は無意味だったのでしょうか？　実際に、帰国後の就活が思うように進まない状況が続くと、留学したことを後悔し、やがて自信を失ってしまいます。事実、そうした人はたくさんいるのです。

私は留学の仕事を始めて二五年目になり、これまで数多くの留学生と接して参りました。その経験を通じて一つだけ断言できることがあります。

それは、**どんな留学であっても、必ず留学期間中には何らかの『学び』や『成長』はあるはずであり、決して留学に失敗や無駄はない**ということです。

それにも関わらず、なぜ就活がうまくいかないのでしょうか？　**その最大の原因は、帰国後に海外生活で得た自分の『強み』や『成長』をしっかり認識できておらず、それゆえ企業に伝えることができないからです。**

私は留学生の帰国後に、海外生活で得た能力の棚卸のため、留学生とマンツーマンで振り返りをおこなうのですが、驚くことに、せっかく留学で身に付いた能力を留学生本人が全く自覚できていない場面によく出会います。これは実にもったいないことです。まさに宝の持ち腐れです。

この状態で企業面接をしても、当然海外で身に付いた能力を全くアピールできないのですから、面接官はこう思ってしまうのです。
『結局、何をしに海外に行ったのか？　単なるお遊びで海外へ行っただけか？』『日本から逃避しただけか？』と。

実は、留学生活を通じ、留学中に獲得した能力をしっかりと自覚し、それらを最大限にアピールするにはちょっとしたコツがあるのです。それを本書で明らかにしていきます。

本書では、あなたの留学経験を就活に生かすためのとっておきの方法や、留学前から知っておかなければならないことを紹介するとともに、就活成功者に共通する考え方や、成功するための発想なども紹介します。

また、就活で成功した留学生が、現地でおこなった具体的なチャレンジや行動エピソードを紹介します。これにより、留学にチャレンジする人たちの視野を広げ、『自分にもできる！』という感覚を持ってもらいたいと思っています。

留学中にどんなことにチャレンジすればよいのか、帰国後の就活では具体的にどんなことをすればよいのかなど、順を追って実践的なアドバイスをおこなっていきます。

本書を活用することで、あなたの留学がより充実したものになり、帰国後の就活がよりスムーズに進むよう心より願っております。

さぁ、早速はじめましょう！

目次

はじめに……3

第1章　帰国して就活したら『こんなはずじゃなかった！』という
留学帰国者が増えている！……11

1　こんなはずじゃなかった【その1】～面接で留学を否定されてしまう～　12

（1）面接官に『海外にはどうせ遊びに行ったんでしょ？』『どうせ逃げたんでしょ？』と言われてしまった！　12

（2）面接の場で、留学で身に付けた力を尋ねられ、『英語力です』と回答したら、面接官に『それだけ？』と言われてしまった　16

（3）面接時にトラブル克服体験を熱っぽく語ったら、『そもそも自分が行きたくて行ったんだよね？』と言われてしまった　19

（4）海外でのアルバイト、インターンシップについてアピールしたら、『それがどうしたの？』と言われてしまった　23

（5）面接官に『留学生は生意気だし、口だけ番長でみんな権利主張が得意なんだよな～』と言われてしまった　27

2　こんなはずじゃなかった【その2】～就職先がなかなか決まらない～　30

（1）就職先が決まらず、自信を失くす　30
（2）せっかく身に付けた語学力を活かせる仕事が見つからない！　34
（3）面接で本音をいうと引かれてしまう　38
（4）自分が希望する業種で内定がもらえない　42
（5）海外で取得した資格、証明書が評価してもらえない　45
（6）語学力をアピールしているが、内定をもらえない　49

第2章　海外体験者が就活前に知っておくべきこと
～留学前に知っておくべき内容を知り、それを海外で実践に移すことで、より充実した留学生活が送れるようになる～……53

1　企業が海外体験者に期待する能力「ベスト5」。これを知ることで、海外で身に付けるべき力をよりイメージしやすくなる　54
（1）主体性・積極性　56／（2）コミュニケーション能力　56／（3）語学力　57
（4）チャレンジ精神　57／（5）ストレス対応力　58

2　海外で獲得できる能力を知り、それを海外で行動することで、習得度に格段の差ができる　59
（1）国際感覚・異文化適応能力　61／（2）幅広い視野　63／（3）コミュニケーション能力　65

（4）主体性・積極性　66／（5）外国語能力　68／（6）忍耐力・我慢強さ　70
3　「海外体験者に対して求める能力」と「海外生活で身につく能力」　72
4　〇〇力をつけるために、こんな行動をしてみよう。これまで私が担当した留学生の実際の行動例を紹介します　75
（1）外国語を身に付けるためには、ただ語学学校に通うだけではなく、語学学校の授業への参加の仕方を知り、授業以外でどんな行動をとると語学力がアップするかを知る　75
（2）国際感覚・異文化適応能力を身につけるためには、現地人との交流をはかること。その方法を教えます　78
（3）主体性を身に付けるためにはどんな行動を起こせばいいのかを教えます　81
第3章　海外体験を就職活動に活かすための15ステップ　～留学前から就職活動は始まっている！～……85
1　留学前編　87
（1）まず、今の自分を知る。自己分析の大切さを認識しよう　87
（2）志望企業の求める人物像を知る。その分析方法を解説します　88
（3）現地でのプランニングを作成。実際のプランニングを立てるコツを紹介します　92
（4）出発前はできるかぎり、語学は勉強しておくこと。そうすれば現地でスタートダッシュがきれる　96

2　留学中編　99
（1）留学中に必ずやっておきたい行動とは？（その1）
海外のコミュニティに入って、主体的に行動し周囲に好影響を与えるエピソード作り　99
（2）留学中に必ずやっておきたい行動とは？（その2）
語学力を証明できる資格などを現地で取得して帰国する　102
（3）ネットワークを利用する。現地で仕事、ボランティア、ハウジング探しなどで「困ったとき」に活用すべきネットワークを紹介します　105
（4）心のケア。相談者を持つ。不安や悩みは一人で抱え込まない　108
（5）フィールドワークの勧め　112
（6）現地の行動を記録しておく　117
3　帰国後編　120
（1）海外生活の振り返りをおこなう（海外生活の棚卸）　120
（2）求人の探し方あれこれ。求職者たちが意外と知らない求人を探す裏ワザを教えます　123
（3）やりたい仕事が見つからないときの探し方　129
（4）自己PR、志望動機の鉄則を知っておく！　それらを上手に企業に伝えるためのちょっとしたコツを紹介します　133

（5）英語が使える仕事に就きたいけど、そんな求人がなかなか見つからないあなたへ　138

第4章　内定がなかなかもらえない留学帰国組の共通点はこれだ！……141
（1）留学動機があいまい　142
（2）海外で得た力、成長した力を、しっかり面接官に伝わる言葉に言語化できていない　146
（3）英語を使うことばかりに拘って就活している　148
（4）面接の場で権利ばかり主張しようとする　152

第5章　Q&A集（留学前、留学中、帰国後編）……157
1　留学前編　158
（1）主体的に活動し、周囲に好影響を与える経験　167／（2）トラブル克服経験　168
2　留学中編　171
3　帰国後編　187

おわりに……196

第1章

帰国して就活したら『こんなはずじゃなかった！』という留学帰国者が増えている！

1　こんなはずじゃなかった【その1】〜面接で留学を否定されてしまう〜

（1）面接官に『海外にはどうせ遊びに行ったんでしょ？』『どうせ逃げたんでしょ？』と言われてしまった！

海外留学を終え、帰国後、意気揚々と企業面接に臨みます。そうしたら、面接の場でこう聞かれました。

「海外にはどうせ遊びに行ったんでしょ？」「どうせ現実から逃げたんでしょ？」

こう聞かれた留学帰国生は「え？」と戸惑います。なぜなら、面接官からそんなことを聞かれるとはまったく想像していなかったからです。そして答えに窮し、黙ってしまいます。

これは決して脅しではなく、これまで私がキャリアコンサルティングした数々の留学帰国生から聞いた本当の話です。

すべての面接官がこんなことを聞くとは限りませんが、そうした面接官がいることはまぎれもない事実です。まずは、それを知ることが大切です。

では、就活に際し、留学帰国生はこのような面接官に当たらないよう祈るしかないのでしょうか？　もし当たったら不運だと思ってあきらめるしかないのでしょうか？

いいえ、違います。話のなかで面接官を切り崩せばいいだけの話です。

どのように切り崩すのか？　それは、『海外には遊びに行ったのではない』『現実から逃げたのではない』ということを証明すればよいのです。

とはいえ、「私の留学は決して遊びではありません」「現実からの逃避留学ではありません！」と主張したところで、彼らの疑いは決して晴れません。

証明するにはコツがいります。

それは、あなたの留学が「遊びではない」「逃避目的ではない」ということを証明できる留学先での実際のエピソードを交えて話すことです。

大切なことなので、もう一度繰り返します。

あなたの留学が「遊びではない」「逃避目的ではない」ということを証明できる、現地でのエピソードを交えて話すことです。

たとえば、あなたの志望企業がホテルだとします。そうしたら、こうすればよいのです。

・現地の複数のリゾートホテルを実際に視察した際の写真つきのレポートを作成し、それを見せながら話す

・数十名のホテルマンたちからインタビューをとり、サマリーをした経験を話す

あなたが旅行会社を志望しているのであれば、こうすればよいのです。

・現地ガイドのアルバイトをしたことや、そこでの成功事例を話す

つまり、ただ海外に留学してきました、で終わるのではなく、「私はこの仕事をしたいと考えていたので、留学中にそれを見据えて自分の勉強のためにこんなことをして参りました」という実際にあったエピソードを織り交ぜてアピールするのです。そこでのポイントは、お客様目線からのエピソードではなく、サービスを提供する側の視点からのエピソードです。それを聞いた面接官は「この人は確かに遊びに（逃避で）行ったのではなく、将来○○をしたいために、目標を持って勉強のために留学をした」と納得してもらいやすくなります。

このように、アンケートをとったりインタビューをとることを『フィールドワーク』といいますが、要は、自分が興味のある仕事に対して、実際に自分の足で何らかのアクションを起こす、ということです。

面接官に、あなたの留学をポジティブに解釈してもらうためには、『フィールドワーク』を話に盛り込み、実際のエピソードを添えてアピールすると効果があります。ぜひ試してみてください。

（なお、フィールドワークの仕方については他の章で述べます）

【面接で留学を遊びだと思わせないコツ】

面接の場面では、『海外にはどうせ遊びに行ったんでしょ？』『どうせ現実から逃げたんでしょ？』と言われる前に、面接官に現地でのフィールドワークをアピールしよう！

（2）面接の場で、留学で身に付けた力を尋ねられ、『英語力です』と回答したら、面接官に『それだけ？』と言われてしまった

帰国後の企業面接で、面接官が留学経験者に聞く共通の質問の一つに、これがあります。「留学でどんな力（能力）が身に付きましたか？」

海外留学をする以上は、留学生のほぼ全員が、「語学力を身に付けたい！」と希望し、事実、留学先では一生懸命語力UPに力を注ぎます。だから「留学でどんな力（能力）が身に付きましたか？」と聞かれると、海外で身に付けた語学力をアピールしなければ、という意識が先に立ち、反射的に「語学力です」と答えがちです。

これに対し、面接官はなんと言うのか？　面接官は、こう返答します。

「え？　それだけ？」

こう返答された留学生は、もう何も言えなくなってしまいます。こうした場面は少ないと思うかもしれませんが、実はしばしば発生します。

なぜ留学生が何も言えなくなってしまうのかというと、海外で語学力を身に付けるということは、そんなに簡単ではないからです。海外生活をしさえすれば、自動的にペラペラになれるわけではありません。語学力を身に付けるためにはかなりの努力と相当な時間を

要します。そうして苦労して身に付けた語学力をアピールしたにもかかわらず、面接官から「それだけ？」と言われたら、意気消沈し、言葉を失っても不思議ではありません。まずは、面接でこうした場面に遭遇する留学生が多いという事実を知っておいてください。

では、なぜ面接官は「それだけ？」と聞くのでしょうか？　それは、わざと相手を圧迫するようなことを言い、相手の様子を見ようとすることがあるからです。こうした圧迫面接をすることで、面接官は相手の意外な面を知ろうとするのです。

そのほか、面接官のタイプも関係しています。これには次の二つのパターンがあります。

①海外生活経験がない面接官の場合

海外生活経験がない面接官の場合、自分が海外生活を経験していないため、つい想像に頼って、安易にこんなふうに考えてしまいます。

「一ヵ月から三ヵ月くらい海外で生活をしさえすれば、その国の言語を自然にマスターしているだろう」と。

要するに、「ある一定期間、留学しているわけだから、語学習得くらいは当然できているはずだ」と考えてしまうのです。そんな面接官に、語学力のみをアピールしたところで効果はありません。面接官は、物足りなさを感じるだけです。

②留学生をナナメに見てしまう面接官の場合

「留学生をナナメに見てしまう」というのは、面接官が留学生に対して特定の先入観を持っている、ということです。

たとえば、こんな具合です。

「留学生はみんな生意気に違いない」「自己主張ばかりする」「礼儀ができていない」「語学力をひけらかす」

こうしたマイナスなイメージを持っている面接官に「語学力です」と答えると、「やはりそうきたか」と思われて、好印象を与えることが難しくなります。

では、こうした面接官に何をアピールすればいいのでしょうか?

それは、「語学力はもちろんですが……」と語学力にはさらっと触れるだけにしておき、こう続けます。

「そのほか○○力と○○力です」と。

○○にはどんな言葉を入れてもよいのですが、後の章で挙げる「主体性」や「行動力」

などの、いわゆる《ヒューマンスキル》と呼ばれる能力をあげると効果的です。

しかし、ヒューマンスキルを挙げるだけでは説得力が不十分です。

面接官に納得感を与えるためには、ヒューマンスキルをアピールする際に、具体的なエピソードをつけるのがコツです（この点については後述します）。

【面接官に、留学で身に付けた力を尋ねられたときに失敗しないコツ】

面接の場で、留学で身に付けた力を尋ねられたら、「語学力です」だけでは終わるな！

必ずプラスアルファの力をエピソード付きで切り返すべし！

（３）面接時にトラブル克服体験を熱っぽく語ったら、『そもそも自分が行きたくて行ったんだよね？』と言われてしまった

留学帰国者に対して、面接官からよく質問されることのなかに、「留学中にどんなことで困りましたか？」というのがあります。

面接官がこうした質問をするのは、次のことを知りたいからです。

「この人は、どんなことをトラブルとして捉え、それをどのように解決していけるのか？」

つまり、その人のトラブルに対する感覚と、問題解決能力を知りたいのです。さらに言えば、ストレス耐性を知りたいのです。

現代は、紛れもなくストレスフルな社会です。どんな企業であれ、多かれ少なかれ何かしらの問題や課題を抱えています。そこで働く社員はそれらを解決するために、常にストレスにさらされている状態にあると言っていいでしょう。そのため企業としては、ストレスに弱い人の採用は躊躇します。

その点、留学経験者は、言葉、文化、生活習慣の違いから日本で生活する以上にストレスフルな環境で生活をしています。面接官たちは、自分に留学経験はなくとも、留学生活は決して楽ではないことくらいは理解しています。

留学生にこの質問をぶつけることで、企業側にとっては、その人の思考や行動特性を知る絶好の機会となります。そのため、この質問は留学経験者に対する定番の質問となっています。

多くの留学経験者は、この質問を「待ってました！」とばかりに、トラブルやトラブル克服経験を熱っぽく語りがちです。ところが、その直後に面接官から思いもよらないことを言われます。

それは、「でも、そもそも自分が行きたくて留学に行ったんだよね？」の一言です。

海外でトラブルに対峙し、苦労してそれを乗り越えた経験を熱く語っても、面接官は共感するわけでも、褒めてくれるわけでもありません。熱い語りを聞き終えたら、淡々と「そもそも自分が行きたくて留学に行ったんだよね？」の一言で片づけられてしまうことが多いのです。そのときの留学生の落胆ぶりは想像するにかたくありません。「留学先でのトラブル克服経験を、全く評価してもらえなかった。しかも自分の努力をその面接官に否定されてしまった」と思ってしまうはずです。

私は、このような状況にあってショックを受けて黙ってしまう（落ち込んでしまう）留学生を何人も担当しました。要するに、何も言えなくなってしまうのです。

しかし、この難局を見事に乗り越える留学生もいます。それは、腐ることなく、しっかり切り返せる留学生です。面接官の言葉をそのまま認めたうえで、さらにこんな具合にアピールまでしてしまいます。

「おっしゃるとおりです。しかし、トラブルに遭遇し、それを克服していく過程で自分がより早く成長できると考えました。いわばトラブルの宝庫である海外という場で、貴重な時間とお金を費やし、自分磨きに勤しみました」

このように切り返されたら、面接官は「この人はつい避けたくなるトラブルに敢えて対峙し、自分を成長させようとしている」という印象を持つに違いありません。

トラブルに対峙したときに、それにいやいや取り組むのか、それともそれを自分の成長の場として前向きに捉え行動するのか、どちらが企業から求められる人なのかは言うまでもありません。

面接の場では理不尽な質問や言葉を投げかけられることがあります。そのとき、その面接官に問題あり、と思ってしまい、面接中にモチベーションが下がってしまうかもしれません。しかし、大切なことは、どのような質問や言葉を投げかけられても、自分がそれに対してどのように前向きに切り返えせるか、です。このことを常に念頭に置いて面接の場に臨みましょう。

【留学中のトラブルについて、理不尽な発言をされたときのコツ】

面接時にトラブル克服体験を語ったとき、「そもそも自分が行きたくて行ったんだよね？」と言われたら、「そうなんです。だから敢えて自分を成長させるために留学しました！」と切り返そう！

（4）海外でのアルバイト、インターンシップについてアピールしたら、『それがどうしたの？』と言われてしまった

多くの留学生は、「海外でのアルバイトやインターンシップなど職業体験をすると、帰国後の就職に有利になる」と思っています。そのため、帰国後の企業面接の際に、海外で職業体験をアピールする留学生は多いのです。

ところが、いざアピールしてみると、面接官の反応は意外にそっけなかったりします。『それがどうしたの？』と、まるで就業体験が全く無意味であるかのように言われてしまった、という留学生の話もしばしば聞きます。

異文化のなかで仕事をすることは決して生易しいものではありません。新しい仕事の内容を覚えなければならないのはもちろんのこと、外国語を話さなければならないし、異な

る文化や価値観の人たちとの間で良好な関係を構築し、業務をこなしていかなければなりません。このように、海外の職場で仕事をするためには、越えなければならないハードルがたくさんあるのです。それを一つひとつ乗り越えるのは大変なことです。『それがどうしたの？』などと言われてしまったら、それまでの苦労が報われず、留学生活全体までもが否定されたような錯覚に陥るかもしれません。

では、本当に面接官は海外の就業体験を評価してくれないのでしょうか？　いいえ、決してそんなことはありません。もし前述したような心無いことを言われてしまったときに考えていただきたいことがあります。それは、海外でアルバイトをしたこと、インターンシップを経験したこと「だけ」に話の内容をフォーカスしていないか、ということです。

海外へ留学する人たちは毎年大勢いるわけですから、面接会場にも留学組はいると考えてください。留学組の人たちは、当然、海外での職業体験をアピールすることでしょう。それは当たり前のことと割り切ることが大切です。

つまり、海外で就業体験をしたこと自体は、それほど企業にアピールできない、ということです。

このように言うと、海外での就業体験をアピールしてはいけないとか、もっと別のことをアピールしなくてはならない、と思うかもしれませんが、決してそうではありません。就業体験をアピールすることはよいのです。ただ、アピールする際に注意が必要なのです。それは、アルバイトであってもインターンシップであっても、次のことを伝えることです。

●その職場環境のなかで、自分がどんな力を身に付け、何をしたのか、どんな結果を残すことができたのか、を伝える

●できれば自分が主体的に行動に起こしたことで、上司や顧客に対してどのような好影響を与えることができたのか、を伝える

これらのエピソードを添えてアピールすることが最も重要なのです。

そうすれば、あなたがどんな行動を起こせる人なのかが推測できます。たとえば、日本人にとって業務遂行が難しい海外の職場で、あなたは物おじすることなくコミュニケーションがはかれ、しかも与えられた仕事だけではなく主体的に仕事を見つけ、組織に貢献できる人だということを強く印象付けることができるようになります。
ここまで話せれば、面接官から『それがどうしたの?』と言われるはずはありません。
ちなみに、このことを留学前に知っておけば、海外での就業体験でどんなことにチャレンジすればいいのかといった、自分なりのプランニングも立てられるでしょう。ただ海外で仕事を経験すれば企業に評価される、というのは誤った認識です。そんな認識は捨てることをお勧めします。

【面接官に海外でのアルバイト、インターンシップについてアピールしたら、『それがどうしたの?』と言われないコツ】

ただ職業体験をアピールするのではなく、その体験を通じ、何を学び、どんなことに主体的に関わり、結果を出したか、周囲に好影響を与えることができたのか、などをアピールしよう!

(5)面接官に『留学生は生意気だし、口だけ番長でみんな権利主張が得意なんだよな～』と言われてしまった

面接官が、留学生に対して持っているイメージがあります。それは『留学生は生意気だ』とか『やることをやらないで自己主張ばかり、権利主張ばかりする』といったイメージです。

このイメージは本当でしょうか？　実は、残念ながら本当です。しかし、これには理由があります。

海外で生活するには、自己主張しなければなりません。自分が思っていること、考えていることをハッキリ相手に伝えないと、理解してもらえないのです。そんな環境にいると、自然と自己主張するようになり、それが面接官には「生意気だ」と感じられてしまうのです。

日本では、何かを質問された際に黙っていると、相手は「恥ずかしいから話さないのかもしれない」とか「わからないから話さないのかも」という具合に、相手の気持ちを察しようとしてくれます。

これは、日本には以心伝心という言葉があるように、自分の思いを相手に伝えなくとも、相手は阿吽の呼吸で理解してくれる文化があるからです。それはある意味素晴らしい文化

とも言えるでしょう。

しかし、海外では事情が異なります。さまざまな人種が集まって成り立っている国が大半なので、彼らは顔色や表情などで相手の考えを読んではくれません。何を判断基準にするかというと、**ズバリ、話の内容**なのです。

だから、海外では常に自分が思っていること、考えていることを発言しないと相手は理解してくれません。よくビジネスのシーンで、日本人は何を考えているのかわからないと言われますが、これは、以心伝心の文化を引きずったままビジネスしようとするからです。

留学帰国者は、海外で自己主張をしなければならない生活をしてきたため、相手と会話する際には、つい自己主張しなければいけない、と思ってしまうのです。その癖が帰国後も残っていると、「生意気だ」「自己主張ばかりする」となってしまうのです。

よく欧米や中東などで議論しているシーンを見ると、日本人の目には、まるで喧嘩しているように見えることがあります。しかし、議論が終わると、仲良くアルコールを飲んでいたりします。このギャップに日本人はよく驚きます。海外では自己主張することは決して生意気なことでも権利主張でもなく、コミュニケーション手段なわけです。

では、留学生は帰国後の就活シーンで、どのようなことを意識すればいいのでしょうか。**まずは、自己主張型である海外モードから、謙虚さを兼ね備えた日本のモードに切り替えることが大切です。その上で、面接の場では、待遇面などに関して自己主張したり権利を主張するではなく、「御社に貢献できます」という姿勢で臨むことです。**

そうすることによって、面接官の「留学生＝生意気」「権利主張」というステレオタイプが崩れ、逆に『留学組だけど、謙虚な奴だなぁ』という好評価が得られる可能性が高まるでしょう。

【面接官に『留学生は生意気だし、口だけ番長でみんな権利主張が得意なんだよな〜』と言われないコツ】

まずは、面接官が考えがちなステレオタイプを理解する。そして、意識を海外モードから日本モードに戻し、自己主張や権利主張を避け、『御社に貢献します』という謙虚な姿勢で面接に臨もう！

2　こんなはずじゃなかった【その2】～就職先がなかなか決まらない～

（1）就職先が決まらず、自信を失くす

留学帰国後、就職活動で落ち込むことがあります。それは、一向に内定が出ない状況が続くときです。自分の置かれた現状を変えようと決意し、思い切ってお金と時間を投資し留学したにもかかわらず、帰国後の就職活動で結果がでなければ意気消沈するのも無理はありません。

そんなとき、どのようにモチベーション維持をはかればいいのでしょうか。

それは、採用されなかったからといって、**決して自分の価値を否定されているのではない**、と思うことです。数社連続で不採用通知が届いたら、どんなにポジティブな人であっても落ち込むことでしょう。すると次第に自分の人間的な価値までも否定されてしまったと錯覚しがちです。モチベーションが下がったまま就職活動を続けても、決して良い結果が出るはずがありませんね。悪いスパイラルにハマってしまい、そこから抜け出すのに時間がかかることもあります。

大切なのでもう一度繰り返しますが、採用されなかったからといって、決してあなたという人間そのものが否定されたわけではないのです。

これはぜひ肝に銘じてください。

このことは、採用する側から考えるとわかりやすいのです。採用側はどんな人物が欲しいと思っているか、そのポイントを押さえておくのです。

採用側が欲しいのは仕事ができる人でしょうか？　優秀な人でしょうか？　いいえ。違います。私はこれまでさまざまな業界の多くの企業人事の方とお話してきましたし、私自身も外資系企業で面接官を長年務め、かなりの数の面接をしてきたのでわかるのですが、採用側は仕事ができる人や優秀な人を求めているのではありません。もちろん、仕事ができて優秀であれば、それに越したことはありません。しかし、もっと重要なポイントがあるのです。

それは、**『うちの会社に合っている人かどうか』**です。

面接官は、たとえばこんな点を見ています。

・うちの仕事内容から見て性格的に、あるいはスキル的に合っている人かどうか

・周りの社員と一緒にうまく仕事をしていける人かどうか
・そして何より一緒に働きたいと思える人物かどうか

意外に思うかもしれませんが、これが現実です。

かりにどんなに仕事ができ、優秀であっても、これらの内容に合致しなければ不採用になります。

だから、企業から不採用通知をもらってしまったら、こう考えればよいのです。

「自分はこの会社に合っていないということを教えてくれたんだ」

こう考えれば、あなたという人間が拒否されたのではなく、たんに「合っていないだけなんだ」と思えるはずです。繰り返しますが、決してあなたという人間が否定されたわけではありません。これには絶対の確信があります。

そもそも三〇分や一時間程度の面接で、面接官があなたという人物をすべて理解できるはずがないのです。そんなスキルはどの面接官にもありません。

限られた時間で彼らが見分けることができるのは、せいぜいうちの会社に合っている人かどうか、だけなのです。

私は不採用が続いた留学帰国生にはこのように言うことさえあります。「良かったね。その会社はあなたに『うちの会社には合っていない』って教えてくれたんだよ。もしそんな会社に入ってしまったら、入社後、たいへんだったと思うよ」と。これは決して慰めの意味でも、元気づける意味でもありません。本音です。

その上で、こんなことも話します。「これからこのように考えてごらん。あなたに合ったご縁のある会社は必ずある。まずそれを信じること。会社から断られれば断られるほど、ご縁のある会社に一歩ずつ近づいているということ。だから不採用の度に『私はダメなんだ』とか『くそっ！』などと思わず、『断ってくれてありがとう！　危うく合わない会社に入ってしまうところでした！』と感謝すればいいんだよ」と。

採用担当官の人たちと話をすると、本当によく『ご縁』という言葉が聞かれます。本当にあるのです。あなたに合ったご縁のある会社が。だから諦めたらもったいないですよ！

【就職先がなかなか決まらず、自信を失くしたときの立ち直りのコツ】

採用の見送りは、自分にご縁のある会社に近づく感謝すべきプロセスだと信じよう！

(2) せっかく身に付けた語学力を活かせる仕事が見つからない！

留学生に『帰国後にはどんな仕事をしたいですか？』と尋ねると、一〇人中八人以上は『語学力を活かせる仕事です』と答えます。当然ですよね。せっかく貴重な時間と高いお金を費やして海外留学したのですから、最低限、留学先の国で学んだ言語をカッコよく使える仕事をしたいと思うのは自然な気持ちです。

しかしながら、実際に留学先で学んだ言語を使える仕事に就くのは意外とたいへんなことなのです。なぜならば、仕事で外国語を使うというのは、そう甘いものではないからです。ビジネスのシーンでは、外国語だから「聞き間違えました」とか「言い間違えました」といった言い訳は通用しません。ちょっとした間違えが企業に大変な損失を与えてしまうことさえあるのです。

ところが、『語学力を活かせる仕事をしたい！』と答えた留学帰国生にさらに一歩踏み込んで、「では、どうしてですか？」と質問すると、実に多くの人がこう答えます。

「せっかく学んだ語学力を維持したいから」

「留学先で学んだ言語を使わないと忘れてしまうから」

　こんな呆れた回答が多いのです。

　これを聞いた面接官は、きっとこう思うでしょう。

『うちは語学学校ではない。語学を学びたいなら語学学校へ行け！』

『なぜあなたの語学力を維持するために、わざわざあなたに給料まで支払ってうちに来てもらわなければならないのか！　そんなことを言われると、逆にお金を請求したくなる』

　これが企業の本音です。

　企業側からすると、あなたの語学力を維持するために雇うことはあり得ないのです。

　前述したように、語学力維持など、企業から何かを享受しようとして就活する人は間違いなく失敗します。就活で成功するのは、自分が企業にどんな面で貢献できるのかをしっかり自分の言葉で面接官にアピールできる人です。


　そうは言っても、やはり留学した以上、語学力を活かした仕事はしたいもの。私自身も留学帰国後は、教育に関する外資系の会社に就職したのですから、その気持ちは痛いほどわかります。

そこで、語学力を活かした企業に入社したいにも関わらず、そんな企業からなかなか内定がもらえないときのとっておきの就活の視点をご紹介したいと思います。

それは、**敢えて「現在、日本語しか使うことのない会社も視野に入れて就活すること」**です。「え？」と思うかもしれませんが、言い間違えではありません。**留学先で学んだ言語を使いたければ、現在、日本語しか使わない企業が狙い目なのです！**

なぜか？　それは、現在の日本の現状を考えるとわかりやすいのです。今日本は、「需要の低迷」「新興国をはじめとする海外市場の活発化」「労働力人口の減少」などの理由により、急ピッチにグローバル化へと進んでいます。これを受けて、大企業のみならず、中小零細企業まで海外進出し始めているのが実情です。こうした状況下、現在国内のみで頑張っている企業もやがて海外進出をしたり、外国人労働者を受け入れなければやっていけなくなってきます。要するに、今、仕事で日本語しか使うシーンのない企業であっても、いつ状況が変ってもおかしくない時代に突入しているのです。

では、留学帰国後、なかなか語学力を活かせる企業が見つからなかったら、なぜ**敢えて日本語しか使わない企業が狙い目なのか。**その理由は次の二つです。

日本語しか使わない企業では、
①英会話程度ができる人でも、たいへん重宝される
②自分が新しい仕事を生み出せるチャンスがある

①について
現在、仕事で日本語しか使うシーンのない企業には、外国語を話せる社員がいる可能性は極めて低いと言えます。仕事で必要性がないからです。そういった企業では、多少の英語を話せる人であっても、その会社で英語を使う必要性が出た段階で重宝されます。たとえば外国人から電話があっても、あなたしか対応ができない可能性が大です。少しでも英語を使うシーンがあれば、あなたは間違いなく会社から頼られる存在になれます。少し大げさに言うならば、「神」になれます。

会社から重宝されると、語学力ＵＰの意欲もさらに高まり、仕事以外の時間でも楽しんで語学の勉強に励むことになるでしょう。

②について
一方、会社に入社したものの、一向に外国語を使う動きがみられなければ、自分から会

社に海外進出を提案したり、外国人向けの商品を提案するなどすればよいのです。要するに、これまで社内になかった新しい仕事を生み出す、ということです。もし会社から承諾されれば、まさにチャンス到来です。新しい仕事を生み出せる醍醐味を味わえるのです。

もし語学力を活かせる会社が見つからないときには、こうした視点を持って就活することで思わぬ突破口を見出せるでしょう。

【語学力を活かせる仕事を探すコツ】

敢えて現在語学を使わない仕事も視野にいれて就活する！

(3) 面接で本音をいうと引かれてしまう

先述したように、海外生活をするうえでは、自己主張しないと理解してもらえないので、留学生の多くが考えていることや思っていることを口に出しがちです。

そのため、帰国後の面接の場でそのモードで臨み、つい自分の思いをそのままストレートにぶつけてしまうことがよくあります。留学生に対して相当の理解ある企業であれば耳を傾けてくれるかもしれませんが、日本ではまだそのような企業は稀です。

留学生によくありがちな本音とはこんな具合です。

・仕事で語学力を活かせる部署に配属してもらいたい
・定時にはあがりたい
・勤務地を限定したい
・土日祝祭日の出勤は不可
・勤務後の付き合いはご法度
・雑用などはしたくない
・前職以上の給与が欲しい

これらのことを面接の場で確認してはいけない、と言っているのではありません。たとえば、家族の諸事情でどうしても勤務地を限定したり、定時であがるなどしなくてはならない人もいるからです。その場合は、むしろ面接の場で確認することが必要です。

ただし、その際にストレートに確認するのではなく、たとえばこんな具合に尋ねてみます。

「現在、私は～の状況でありますので、勤務地を東京に限定いただくことは可能でしょうか？」

（求人票などに「地域限定」や「残業なし」など謳われている企業の場合は、普通に確認をしても問題はありません）

このように、相談のような形で話をもっていくと印象はちがってくるでしょう。

このように言うと、面接の場では、自分の希望を我慢しなければいけないのか、と思う人もいると思います。でも、それもちょっと違います。どうしても条件面に拘りがあるのであれば、「〜はできますか？　可能ですか？」という聞き方ではなく、「やはり」の一言を添えて聞いてみます。たとえば、地域限定に拘りがあるのなら、こんな具合に聞きます。

「御社では、支社が○箇所もあるので、**やはり**勤務地の異動もあるという理解でよろしいでしょうか？」

このように、「やはり」と付け加えて聞くことで、「それは当然あるとは思いますが」、というニュアンスを含ませることができます。そうすれば、決してあなたが地域限定を嫌がっているのではない、という印象を与えることができるわけです。もし面接官が、「異動もありますが、本人の希望も考慮はしています」と言ってくれたら、希望を受け入れてもらえる会社であると判断できるでしょう。もし、会社側の事情が分からなかったら、「勤務地の希望などを出す方もいらっしゃるのですか？」と聞くのです。要するに、**異動させられることもあるのか**、というニュアンスで聞くのではなく、**あくまでも自分から異動の希望が出せるのか？** という聞き方で確認するということです。そのほうが前向きな印象を与えることができますし、その会社の異動の仕方、状況も確認できるでしょう。

なぜこのような回りくどい確認の仕方をするのかというと、採用募集の段階では、あなた以外にも他に候補者がたくさんいるからです。もしあなたが条件面で何らかの希望を出したとします。その一方で「条件などは御社の意向にお任せします」という候補者がいた場合、当然、会社は後者に好感を持ちます。つまり、あなたが何かしらの条件をつけたら、確実に不利になる、ということです。

ですから、もしあなたの希望が絶対条件とまでは言えないのであれば、まだその希望は直接確認しないほうが無難なのです。最終面接までは待ちましょう。

その前までの段階で、自分の思っていることはしっかり確認すべきだ、とばかりストレートに条件面で本音を語ってしまうと、「こいつはまだ成果を出す前から自分の希望ばかり主張するやつなだぁ」「権利主張型かもしれないから要注意だな」とレッテルを貼られ兼ねません。このことは覚えておくと良いでしょう。

【面接で本音を語り、引かれないためのコツ】
思っていることをストレートに伝えるのではなく、相手が受け入れやすいような形に加工してから伝えよう！

（4）自分が希望する業種で内定がもらえない

海外留学をするということは、自分を人間的にもスキル的にも成長させたいという想いから留学をするわけです。だから、自己投資した分、帰国後は自分が希望する業種に就きたいと思うのは当然のことです。

ところが、すべての人が自分の希望通りの業種に就けるとはかぎりません。

そんなときには、留学したことを後悔してしまうかもしれません。

もし希望する業種に就けないときにはどうすればいいでしょうか？　そのときは、希望業種を継続してアプローチする一方で、「この仕事であれば好きになれそう」という別の業種にもチャレンジすることです。つまり、「自分の希望業種」と「好きになれそうな業種」の二通りの方向から就活をしていくわけです。

なぜかというと、**自分が希望する業種が、必ずしも自分に合っているとはかぎらないか**

らです。これは事実です。

これまで数多くの留学生の就職活動をサポートして言えることがあります。それは、当初希望していた業種ではない会社に入り、徐々にその会社にのめり込み、仕事の面白みを発見し、現在充実した日々を過ごしている人が実に多い、ということです。

実は、留学生のなかには、《自分のやりたいこと探し、つまり、自分の天職、適職を探し》を留学目的にしている人がいます。そんな人は、自分が何に向いているのか、どんな仕事が自分に合っているのか、などを留学中に一生懸命追求しながら日々過ごしています。しかし残念ながら、この手の留学生は結局やりたいことが見つからずに帰国することが実に多いのです。もちろん、やりたいことを探すのを留学目的にしてはいけない、と言いたいのではありません。

この事実を知ってほしいのです。今、自分の仕事を適職だと思っている人の多くは、その適職は決して探した結果見つけたものではなく、自分の目の前にある仕事にのめり込み、日々仕事を遂行していくなかで、それが自分の適職だったと後から気づくのです。はじめから適職があって、それを見つけたのではなく、自分が関わっている仕事を自分で適職にしているのです。つまり**『適職がある』**のではなく**『自分がその仕事を適職にした』**のです。

実際にこんなことがあります。行きたかった会社がすべて不採用となり、たまたま知人から紹介された仕事をしているうちに、次第にのめり込んでいき、結局はその仕事こそが自分の適職だったと気づく、というケースです。ですから、どんな仕事が自分に合っているかは、実際に仕事をしてみないと分からないのです。

とはいえ、全く興味のない業種であれば、やはり全力で頑張れないでしょう。だから、「好きになれそうな業種」を視野に入れるのです。「好きになれそう」という基準で見つけた会社に入れたら、あとは全力で仕事に取組み、仕事の面白みを発見し、自分がその仕事を適職にすればいいのです。

自分の行きたい業種になかなか就けない人は、こうした視点を持って就活に臨んでみてください。「この業種でなくては絶対嫌だ！」と業種に拘ることは、もしかしたら、自分の可能性を狭めているかもしれません。

話をもとに戻すと、もし自分が希望する業種で内定をもらえないときには、その業種と別の業種の二通りの企業にアプローチすることです。別の業種とは、「この仕事だったら好きになれそうかな?」という視点で探した業種です。そして、その業種のなかから企業を選ぶのです。

自分が考えもしなかった業種で、あなたの将来を豊かで充実させる適職に出会えるかもしれません。

【希望する業種で内定がもらえないときに、それを乗り切るコツ】

この仕事だったら「自分は好きになれそう」という業種のなかに適職が隠れていることを知ろう！

(5) 海外で取得した資格、証明書が評価してもらえない

実に多くの留学生からこんな質問が寄せられます。

『留学中に、どんな資格をとれば就職に有利になりますか?』

その気持ちはよくわかります。帰国後の就職活動で有利になったり、内定の保証になりうる資格があるならば、是が非でも取得して帰国したいと思うでしょう。

しかし、結論を先に言うならば、『それは無い』と申し上げておきます。一般的な企業では、留学中に取得した資格そのものを採用の決定的な材料にすることはないからです。机上で学んだ知識よりも、実務のほうを重視する傾向があるのです。

たとえば、資格を持っていて実務は未経験のAさんと、資格は持っていないが実経験ありのBさんであれば、Bさんを評価する企業のほうが多いのです。

つまり、もし資格を取得するならば、その資格に関連する実務を経験していなければ効果は薄い、ということです。もちろん、ピンポイントの求人でその資格がないとビジネスができないようなケースだったり、求人条件でMBA取得者など具体的な資格保持者という条件があれば話は別です。しかし、国内でビジネスをしている以上、そもそも海外で取得した資格が就職の際に決定打になることは極めて稀なのです。まずはこの事実を知っておくことが重要です。資格はあくまでも参考程度というレベルで認識されることをお勧めします。

決して海外で資格を取得することが無駄になる、と言いたいのではありません。取得したい資格の内容を本気で学びたい、今後のスキルとして生かしていきたい、ということであるならば、むしろチャレンジするべきです。その資格を取得する過程において、専門知識も学べるでしょうし、資格取得コースに参加するのであれば、プログラムの一環として、その資格内容に該当する仕事を実際にインターシップなどを通じて経験することも可能だからです。もし企業が資格を評価してくれなくても、資格取得の過程で経験した企業体験を評価してくれる可能性は高いと思います。

もし、留学中に取得しておきたい資格を強いて挙げるならば、それは語学力を判断できる資格です。こう言うと、語学学校の修了書やレベル証明書のことを思い浮かべる人が多いのですが、そういった類の証明書ではありません。語学学校が出す語学力証明書や修了書を出されたところで、企業はそれがどれくらいのレベルに該当するのか皆目見当がつかないからです。

具体的には英語圏であれば、ＴＯＥＩＣやケンブリッジ英検などの語学力評価試験のスコアのことです。このように公的に評価することが可能な試験がお勧めです。

なぜ語学力評価の資格を挙げるのかというと、語学力が分かるという理由のほかに、もう一つ別の理由があります。それは、面接官が受ける印象です。海外留学をしたにもかかわらず、語学力を測る試験を一つも受けずに帰国したら、海外に遊びに行ったのではないか？　と疑われるかもしれません。その意味でも、最低限度はその国の語学力を測る公的な試験を受け、スコアを持参することをお勧めします。

社会人の場合、しばしばこのようなケースが生じます。社会人で留学した人は、帰国後すぐに就活が始まるのが一般的です。ところが、帰国してからすぐに語学力評価試験を受験しようとしたら、すでに試験申し込みが締め切られており、一ヵ月、二ヵ月先の受験となってしまうことがあります。そのような場合、帰国後二ヵ月～三ヵ月の間、全く語学力を証明するものがない状態で就活しなければなりません（受験後、試験結果が得られるまで約一ヵ月ほどかかるからです）。ですので、語学力評価の試験は、なるべく留学中に受験されることをお勧めします。

【海外で取得した資格、証明書を無駄にしないコツ】

就活の際に、海外で取得した資格に過度な期待を寄せるのは禁物。資格取得はあくまでも自己啓発のためと割り切ろう！

（6）語学力をアピールしているが、内定をもらえない

「海外留学をしたのだから、一番のアピールポイントは語学力だ」とばかり、これみよがしに語学力をアピールする留学帰国者がいます。

もちろん、求人企業によっては、採用の最大のポイントを語学力に置くこともあります。そのような企業に対しては、語学力はある程度のアピール力にはなるかもしれません。ただ一般的に企業は、あなたの語学力のみに関心があるわけではないのです。このことを知っておく必要があります。

詳しくは後の自己ＰＲの章で触れますが、求人企業には欲しい人物像というのがあるのです。これは求人票をよく読めばわかります。たとえば、こんな感じです。

（求める人物）
・異文化に適応できる人
・臨機応変に対応できる人
・主体的に動ける人
・ストレスに強い人

・留学経験者優遇！

もし、このようなことが求人票に書かれていたら、あなたがいくら高い語学力のみをアピールしても弱いかもしれません。

上のような人物像を見て予測できることは、**企業は単に語学がペラペラな人を欲しているというよりも、ビジネスシーンにおいて、さまざまな状況に対して、受け身ではなく自分から行動ができ、固定観念に捉われずに柔軟に物事に対応できる人**を欲している、ということです。それ故の「留学経験者歓迎」だと読み取れます。

語学力がある人を採りたいからという理由で、短絡的に留学経験者歓迎と書いているのではなく、こんな思惑を込めて留学経験者歓迎と書いているのです。

「留学した人であればこそ、異文化に適応できそうだし、自分から動けるだろうし、状況に応じて柔軟に対応もでき、しかも文化や言語、生活習慣が異なる環境にいたので、ストレスにも強そうである」と。留学経験者歓迎の一言には、企業のこんな思いが読み取れます。

こうした企業が多いので、語学力以上にアピールすべき点は多いのです。それをアピールしないと、企業にとって魅力ある人物には映らない可能性があります。

まずは、求人票や企業のホームページをよく読み込み、その企業の商品やサービス内容、取引先、顧客を調べることです。次に、この企業は仕事柄、どんな人物を求めているか、どんなことができる人を探しているのかを考えることです。**自分がアピールしたい内容ではなく、求人企業が欲しい人物像に焦点を当てることがポイントなのです。**

ですから、あなたがアプローチしている企業が、語学力以上に求めているものがあるとしたならば、どんなに高い語学力をアピールしたとしても的外れになりかねません。

では、留学経験者が語学力以外にアピールできることは何でしょうか？　それを本書でよく分析し、どんな角度からでも自分を最大限にアピールできるよう準備しておきたいものです。

【語学力をアピールしているが、内定をもらえない場合の切り返しのコツ】
企業が求める人物像はどんな人なのかをじっくり分析し、その企業の求める人物像の要素から自分をアピールしていこう！

第2章

海外体験者が就活前に知っておくべきこと

～留学前に知っておくべき内容を知り、それを海外で実践に移すことで、より充実した留学生活が送れるようになる～

1　企業が海外体験者に期待する能力「ベスト5」。これを知ることで、海外で身に付けるべき力をよりイメージしやすくなる

海外体験者が、その体験を帰国後の就職に活かすために、就活前に知っておくべきこと。それは、企業がどんな人物を求めているのか、を知ることです。これを知らないかぎり、いくら自分をアピールしても、企業側からすると的外れになってしまいます。企業にとっては、求める人物以外であるかぎり、あなたがどんなにアピールしようが、採用は見送られてしまいます。

就職活動においては、それほど企業の求める人物像を知ることは大切なのです。

また、それを事前に知っておくことで、海外での有効なプランニングの立案にも役立つはずです。

ここでは、企業アンケートに基づいて、実際に企業が留学経験者に対してどんな能力を期待しているのか、求めているかを見ていきます。まずは、五五頁の図表をご覧ください。

これは中小企業約一〇〇〇社に、海外体験のある若者に企業が期待する能力・資質に関してアンケートをとった結果です。これらを順に見ていきましょう。

1位　主体性・積極性

2位　コミュニケーション能力

3位　語学力

4位　チャレンジ精神

5位　ストレス対応力

海外体験を有する若年者に期待する能力・資質
（上位３つを選択）

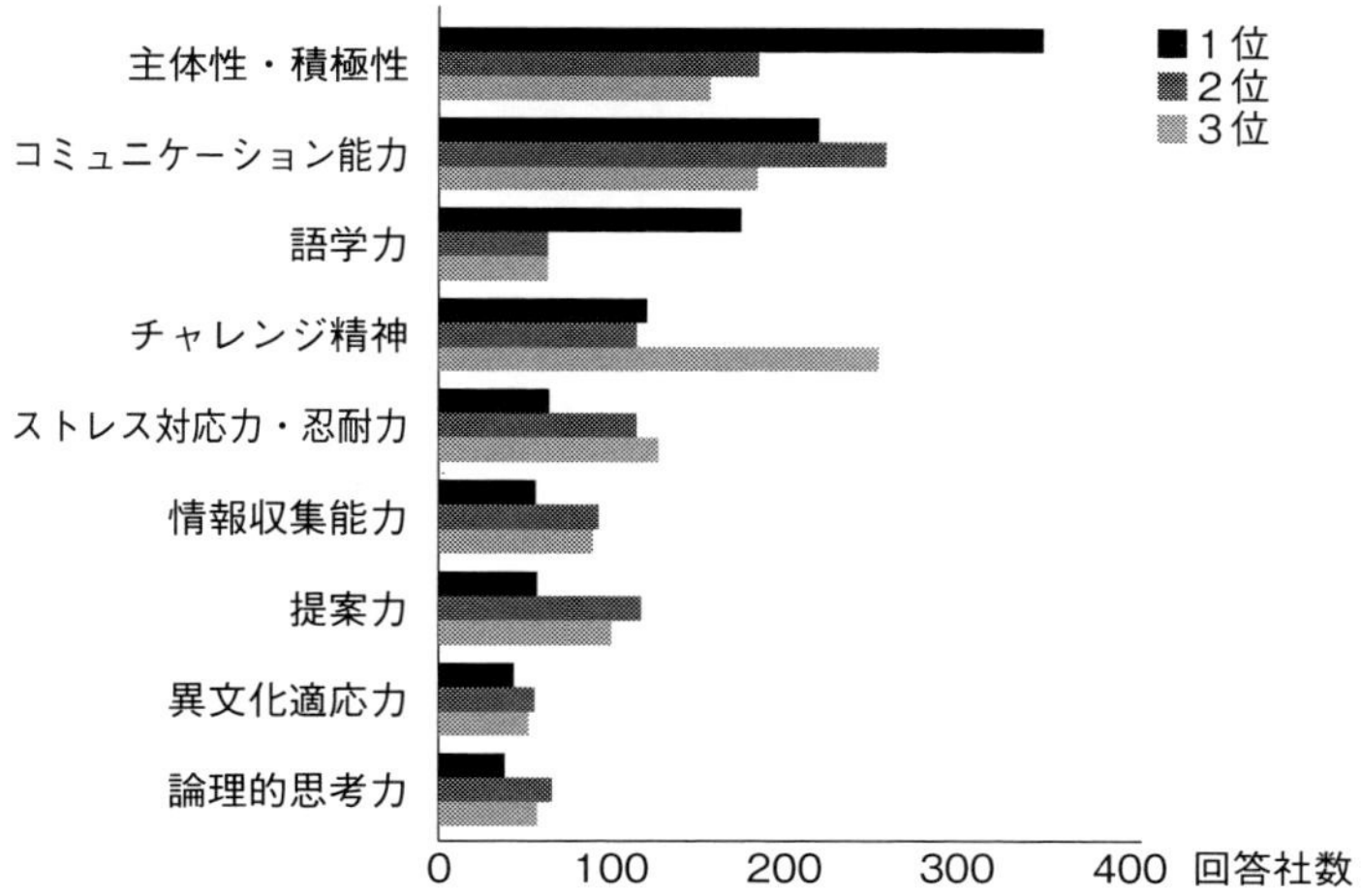

出典：「海外体験を有する若者の採用・活用に関する調査報告書」
（平成二五年度厚生労働省委託ＪＡＯＳ海外留学協議会調べ）
※ＪＡＯＳ海外留学協議会とは、留学国際交流の健全なる発展を目的として組織された一般社団法人です。（http://www.jaos.or.jp/）

(1) 主体性・積極性

これまでの日本社会は、上司や先輩の指示を忠実に守っていれば、業績も上がり、エスカレータ式に昇進が保証されてきました。いわば、最初に正解があって、そこに向かってひたすら進めば結果を出すことができた、といえます。頑張れば頑張るほど報われる時代であったといえるでしょう。ところが現在は事情が異なり、これといった正解が見えません。こうした状況では、自らが果敢に行動を起こし、正解を創っていかなければなりません。したがって、指示待ちの人よりも、自分で物事を判断し、自らが仕事を創り出せる人、果敢に行動できる人が求められます。

(2) コミュニケーション能力

ここでいうコミュニケーション力というのは、ただ単に相手と良好な会話ができる、ということではありません。相手の言いなりになるのではなく、しっかり自己主張もでき、時には相手とぶつかりながらも、相互の意見を調整していく強さを意味しています。別の言い方をすると、わずかな時間であっても相手と信頼関係を構築でき、共有意識を導き出し、押すべきところは押して最終的には合意に持っていける能力といえます。世界で活躍できるビジネスパースンは、自分の立場をハッキリさせたうえで、相手と意思疎通をはかることができます。これが、企業の求めるコミュニケーション能力です。

(3) 語学力

「需要の低迷」「新興国の海外進出」「労働力人口の激減」などの理由から、今後は多くの企業が、海外の企業や外国人と関わらざるを得ない状況になっていきます。国のグローバル化は待ったなしの状態です。当然、外国人とコミュニケーションをはかるには日本語以外の語学力が必要になります（世界の共通語と言われている英語が主流になるはずです）。通訳を雇えば外国人との意思疎通ははかれますが、いまやインターネットや携帯電話の普及にともなって、何をやるにもスピードが求められます。そのときに、いちいち通訳を介していては効率が落ちてしまいます。その意味でも、外国語を話せるに越したことはありません。

(4) チャレンジ精神

（1）でも述べましたが、現在は正解のない時代と言えます。逆を言えば、自分が正解を創る時代であるといえます。そこでは、過去のデータを分析して効率の良い、失敗のない方法を取り入れるといったこれまでの方程式・考え方は通用しません。未知の世界であっても、失敗を恐れずに果敢に飛び込んでいける精神が求められます。

留学経験者は、日本での環境を一旦リセットし、失敗するかもしれないリスクを取りながらも、文化、言語、生活習慣の違う異国の地に自ら飛び込んでいける人たちです。

このように一見無謀とも言える行動を、自らリスクをとりながら果敢に挑戦できる留学経験者のチャレンジ精神に期待が寄せられるのは、理由のないことではありません。

(5)ストレス対応力

現在はストレスフルな社会といえます。ビジネスの場では社外のみならず、社内においても思い通りにならないことが多いものです。従って、常にストレスにさらされている、といっても過言ではありません。だから、企業はストレスに対して耐性があるかどうかを重視します。

ストレス対応力には二種類あります。これまで、ストレス対応力といえば、ストレスに「耐える力」でした。したがって、忍耐強い人は企業でも重宝されてきましたし、それは今もかわりありません。実はストレス対応力にはもう一つあります。それは、ストレスを「処理する力」です。「処理する力」とは、たとえば、ストレスフルな状況に置かれたときに、自分一人で問題を抱え込まず、助けが必要なときには遠慮せずに周囲の力を借りることができる力です。そうすることでうまくストレスを処理することができます。

なぜ「処理する力」が重視されるようになったのかというと、人の「耐える力」には限界があるからです。限界があるものを際限なく求め続けても仕方ありません。だから、企業は「耐える力」以上に「処理する力」を重視し始めたのです。

海外生活では当然ままならないことが多く、ストレスに満ちています。そのなかで、一人だけで生活していくことは困難で、周囲の協力が必要です。そんな環境に置かれると、自然に周囲の力を借りる術を学びます。企業はそんなストレス耐性を留学経験者に期待するのです。

2　海外で獲得できる能力を知り、それを海外で行動することで、習得度に格段の差ができる

次は、海外で獲得できる能力についてです。これを事前に認識しないで留学してしまう人は多いのです。実にもったいないことです。なぜなら、海外で身に付く力を知って海外へ出る人と、そうで無い人とでは、その力の付く度合いが全く違ってくるからです。事前に知り、それを現地で意識して行動に起こすことで、その力はより早く、しかも着実に身

国際感覚・異文化適応能力

幅広い視野

コミュニケーション能力※

主体性・積極性※

外国語能力※

忍耐力・我慢強さ※

※企業が海外就業体験者に求める力とも合致

海外体験で習得できたとする能力・資質

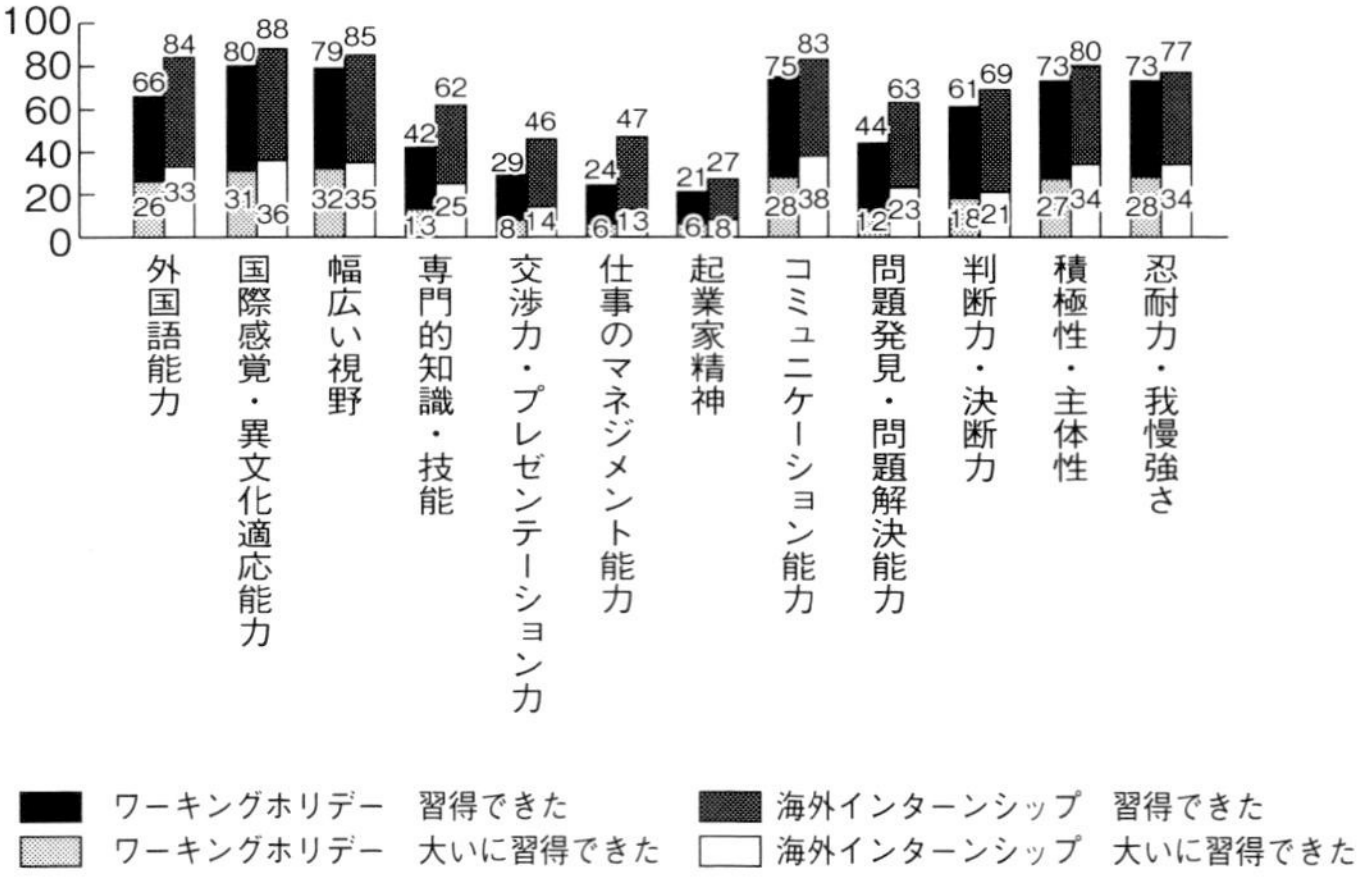

出典：「海外就業体験が若年者の職業能力開発・キャリア形成に及ぼす影響に関する調査研究」
（平成二五年度厚生労働省委託ＪＡＯＳ海外留学協議会調べ）

に付きます。実はこのことを知らない人は、帰国後に自分に力が身に付いているにも関わらず、自覚できていません。自覚できないと、当然、企業にそれらの力をアピールできません。海外で獲得できる能力を、キャリア講演や研修などで留学帰国者にお伝えすると、ほぼ全員といっていいほど、口を揃えて「留学前に知っておきたかった」といいます。さぁ、これからそれをお伝えしていきますので、しっかり認識しておきましょう。

まず、平成二五年に海外経験者（一五八三名）にとったアンケート結果をご紹介します。回答者の七割以上が「習得できた」と自覚している能力・資質は六〇頁の通りです。

（1）国際感覚・異文化適応能力

留学経験者が「習得できた」と自覚している資質の筆頭は、「国際感覚・異文化適応能力」でした。海外の多くの国には、違う人種が集まっていて、いわば「人種のるつぼ」です。そこでは、文化や価値観の違う人たちが生活を伴にしています。

当然、日本の常識や生活習慣は通用しません。たとえば、公共の交通手段が時間にルーズであったり、お店でのサービスの質が悪かったり、人との約束を守らなかったり、空気を読んで会話してくれなかったりなど、さまざまな場面に遭遇します。そんななかで生活をするのですから、最初はどう対応していいのか分からず、慣れるまでに時間がかかります。

なかには戸惑い、パニックになる人さえいます。最初は日本や日本人との「違い」の前に、「間」をつけてしまい、「間違いだ！」といわんばかりに非難しがちです。「日本や日本人だったらこうではないのに！」というわけです。しかし、その段階にとどまっていたら、生活はうまく回りません。

ただ、そんな状態が長く続くか、というとそうでもないのです。「郷に入れば郷に従う」という言葉があるように、これまでの日本の考え方や価値観で対応するとうまくいかないことを学びはじめるわけです。つまり、自分の考え方や価値観を「**ゆるめ**」はじめる、ということです。その段階にくると生活に徐々に慣れ、文化や習慣の違い、価値観の違う人との付き合いなど、臨機応変に対応できるようになります。これが異文化適応力です。

文化や価値観の違いに「なぜそうなんだ！」という『**なぜ**』**視点で物事を眺めると**「**不満**」**が生じます。**一方、それらの違いを「なるほど、そうなんだ！」と『**なるほど**』**視点で受け止めると、**「**発見**」**が生まれます。**異文化適応力が身に付くと、後者の視点で対応ができるようになるため、生活が楽しくなっていくのです。

日本で生活しようが、海外に出ようが、グローバル化のなかにいることには変わりないので、この「異文化適応力」の必要性は今後益々クローズアップされるはずです。留学帰国者は、この力を一番身に付けたと自覚していることを知っておいてください。

（2）幅広い視野

海外生活を開始すると、言語、文化、生活習慣の違う環境にどっぷり漬かることになります。そのなかで生活をするわけですから、ほとんどの留学生は最初、戸惑います。これまでの考え方や常識が通用せず、居心地が悪くなります。やがて考え方や価値観の違いから周囲の人とぶつかったり、物事がうまくいかなくなるなど、思い通りにならない状況に苛立ちを感じ始めます。留学先で接する人たちは現地人ばかりではありません。世界中から留学生が集まります。留学先によっては、数十ヵ国の人たちと接することもあるでしょう。そこでは、留学する国の価値観や文化の違いだけではなく、他の国々の価値観や文化の違いにも対応しなくてはなりません。そんな環境のなかにいると、一国にいながらも、常に多国籍の人たちと交流しないと生活が前に進まなくなります。

実は、この環境こそが幅広い視野を広げるにはもってこいの場となります。一般的に、日本人は周囲の言動や状況を気にし、遠慮して自分を出せないものです。しかし、留学先では周囲に自分を合わせるのではなく、むしろ「個」が重視されます。そうした環境に置かれると、次第に「人と考え方や価値観が違ってのいいのだ」、「ありのままでの自分でいいのだ」というスタンスに徐々に変わっていきます。協調性を重視する日本では、周囲と同じように行動「しなければ」、「するべきだ」という思考が優先しますが、海外では「自分は自分」という考えを持つこと自体が優先されます。そこでは常に「あなたはどう思うのか？」「あなたは何をしたいのか？」が問われるわけです。普段から物事に対して自分の意見を深く考える習慣がない日本人留学生は、この点に戸惑います。たとえば、外国人の友人と雑談をしていると、政治や経済に関することが話題になったりしますが、その際、彼らは自分の国と留学先の国の違いを自分の意見として堂々と話します。これに対し日本人留学生のほとんどが立ち止ってしまいます。そして、こう感じます。

「日本や世界の政治、経済、文化に関する知識が無いないことが分かった」

「いかに普段、物事に対して自分の意見を持っていないか、考えていないかが分かった」

他の国のことであればまだいいとしても、自国に関して十分な説明や自分の意見を述べられないことでショックを受けます。最初は語学力不足から説明ができないと自分を納得させますが、実はそうではなかったと次第にハッキリとわかります。こうして「いかに自分の視野が狭かったか」と気づくのです。しかし、この事実を把握できた時点から本当の模索が始まり、次第に視野が広がっていきます。好奇心が旺盛になり、いろいろと知りたくなるわけです。こうして自国のことばかりではなく、留学先国のことや世界情勢なども貪欲に知りたがるようになって、視野が広がっていくのです。

（3）コミュニケーション能力

最初は留学先の言語を学ぼうという意識が働きますが、次第に学んだ言語を使って相手と意思疎通する術を学んでいきます。ただ、自分の言いたいことを外国語で表現してみたところで、それが相手に伝わるかどうかは別問題です。意思の疎通を図るには、相手が理解しやすい、あるいは納得できる方法で伝えることが大切になってきます。それは話の内容や構成であったり、表現の仕方であったりします。たとえば、よく言われることですが、日本の場合は、最後に結論を言いますね。しかし英語であれば、先に結論を持ってきます。日本とは全く構成が逆なわけです。ですから、いくら日本語を英語に上手に変換できたからといっても、日本語の構成で相手に話すと、すんなり相手に理解してもらえないことがあるのです。相手の表情を見て、理解しているように思えないと、自分の語学力に問題があると思えてしまい、自信を無くしてしまうこともあるのです。

本当は英語の変換自体には問題ないものの、話の構成が違っていて理解してもらえないのです。日本人同士で会話をしているときにも、結論がなかなか出てこないと、相手が何を言わんとしているのかよく分からないことがありますね。それと全く同じです。

海外で生活をしていると、さまざまな人種、価値観の人と否が応でも接することになります。相手に自分の考えていることを理解してもらうのは結構たいへんなわけです。すると、日々相手に理解してもらうためには「このように言ってみようか」「こんな風に表現してみようか」「あの人の言い方を真似てみようか」など、日本で会話する以上に意識して話すようになり、次第にコミュニケーション力がついてくるのです。

今後、世の中がグローバル化することは避けられません。日本国内にいても、さまざまな国の人たちと接点を持たないとやっていけない時代になってくるのです。外国人とコミュニケーションをはかるときには、日本でいわれる「阿吽の呼吸」は期待できません。しっかり自己主張をしながら、相手の言い分も聞き入れ、接点を見出していくコミュニケーション力が必要になります。その意味でも、海外でコミュニケーション力を磨けることはたいへんなアドバンテージになるでしょう。

(4) 主体性・積極性

海外では、自分から動かなければ何も始まりません。常に自分で考え行動し、その結果に対して責任をとります。日本では自分が動かなくとも、家族や友人など周囲の人たちが代わりに動いてくれるため、自分が自ら動かなくても何とかなるものです。このように、日本と海外では環境自体が全く正反対なのです。

ですから、海外生活がはじまった当初は、精神的にも疲労します。日本で想像していた以上に「自ら考えて行動する」場面が多いからです。

このことを、「留学中の友だち作り」について見てみましょう。

留学中に、友だちを作りたければ、学校の初日に〝**自分から先に**〟、クラスメイトに話かけるのが有効です。初対面の人が苦手だからといって、相手から話かけてくれることを待っていても、一向に話しかけてくれない、なんてことはざらにあります。気がついたら、すでにグループもできあがっていて、今さらどこかのグループに入っていくにしても話かけにくいし、どうしていいか分からず結局孤立してしまった、などという人もいるのです。

なぜ自分から話しかけるのか？　このことは、相手の立場を想像してみるとわかりやすいでしょう。知らない人に話しかけることは、どこの国の人であっても勇気がいるものです。できれば相手から話しかけてくれたら、と思っています。話すきっかけを作ってくれたら話をしやすい、と思っているのです。だったら、その状況を自分から作ってしまうのです。するとと、相手は待ってました、とばかりに、話をしてくれます。これが友人を作るコツです。だから私は留学生に、よくこう言っています。『友人作りは〝先手必勝〟が鍵だ』と。

このように、海外では自分から動かなければ何も始まりません。常に自分で考え行動するのです。

これはほんの一例ですが、海外では主体的に動くことで自分自身も生活しやすくなります。

そのような環境で生活するので、「受け身的」な姿勢から、次第に自分から積極的に動いてく「能動的」な姿勢へと成長していきます。

これまで数多くの留学帰国者に面談をしてきましたが、彼らに「海外でもっとも成長したと思う力って何か？」と質問すると、そのほとんどは「主体性です」と回答します。

その理由を尋ねると、「海外では自分から行動しなければ生活も何も前に進まないからです」と言います。

まさにその通りです。

(5) 外国語能力

このことは、あえて説明するまでもありません。ただし、よく誤解されます。それは、「海外で生活をしていれさえすれば、自動的に外国語がペラペラになる」という誤解です。海外にいるだけで、ペラペラになれるわけではありません。数年、外国生活をしている日本人のなかにも、相変わらず日本語しか話せない人はたくさんいるものです。外国語を流暢に話せるようになるためには、たとえ外国で生活していようが、語学を習得するための努力が必要なのです。

外国語を話せるようになる人たちには共通点があります。それは、外国語を習得しようという強い意志を持ち、日々の生活で意識して外国語を使える環境のなかにどっぷり漬かり、外国語を使う機会を増やそうとしていることです。

私は留学前の人たちに、語学の上達は、スポーツに例えるとわかりやすい、と言っています。

たとえば、野球が上手になりたい日本人の少年がいるとします。その少年が、アメリカで開催されるある野球のキャンプツアーに参加します。なんとそのツアーでは、メジャーリーグのヤンキースタジアムで一ヵ月間のキャンプをはれるのです。そこでは、ヤンキースの名コーチが教えてくれ、特注のグローブやバット、ボールなど一流の野球用具も支給されます。では、このように素晴らしい環境が整ったなかに入ったら、だれでも野球がうまくなるでしょうか？　決してそうはならないはずです。上手くなるためには、名コーチのアドバイスを聞き、練習を繰り返さなくてはなりません。練習を終え、宿泊場に帰った後にも素振りやら何やら練習をすることで上達していくのではないでしょうか。

外国語の習得も同じです。ただ外国という環境にいるだけで、自動的に流暢に話せるようには決してなりません。たとえ外国語が上達しやすい環境のなかにいても、自分が語学力向上のために何をするかによって上達度が変わってくるのです。

ですから、外国にいても、敢えて外国語を使う機会を意識的に増やし、会話を実践していく姿勢が必要なわけです。

日本で生活するよりも、海外で生活をするほうが、当然、日々外国語を使う機会は多いのです。その環境を有効に活用し、会話をする頻度を圧倒的に増やすことです。その姿勢が上達を早めるのです。

(6) 忍耐力・我慢強さ

海外生活ではストレスはつきものです。理由は簡単で、**思い通りにならないことが多い**からです。

一つは言語力不足から生じます。自分の言いたいことを言えなかったり、相手の言っていることを理解できなかったりしますし、「日本語であれば、こんなことはないのに」といった事態に遭遇するからです。このように、思い通りにコミュニケーションがはかれないと、ものすごいストレスを感じます。

私は留学系のセミナーで、留学前にこの状況を味わってもらうために、こんなワークをしてもらうことがあります。それは、二人一組になって、口を閉じたまま、一切会話をすることなしに、身振り手振りだけで自己紹介をしてもらうワークです。紙に書くこともN

Gです。五分くらい交互にチャレンジしてもらいます。無謀な課題ですよね。しかし、たいへん有効です。

このワークをしている人を見ると、顔の表情を使ったり、何とかゼスチャーを使ったりしながら一生懸命自己紹介をしようとするのですが、相手に決して理解はしてもらえません。相手が理解できていない様子が分かるので、みんなストレスフルな状態になります。当たり前ですよね。

そこで私は参加者にこう言います。「自分が言いたいことを言葉に表現できずに、相手に分かってもらえないとき、また逆に、相手が一生懸命伝えようとしているのに、自分が理解できないときには、たいへんなストレスがかかりますね。今みなさんが感じたストレスは、留学当初に抱くストレスだと思ってください」。実際にそうなのです。留学当初からこうしたストレスに耐えていく必要があるのです。それが海外生活です。忍耐力がつかないはずがありません。

二つ目は、言葉、文化、生活習慣の違いから、日本の常識、価値観が通用しないことです。たとえば、生活をするなかで会話し、何かが分からなかったとします。日本人の感覚からすると、分からない表情をすれば、相手はそれを察してくれる、と思いがちです。しかし、海外ではそうした日本人的な感覚は一切通用しません。**海外では自分が考えていることを**

相手に言葉で発しないかぎり、理解してくれません。分からないことがあったら、それをはっきり相手に伝えなければ理解してもらえないのです。これも一例ですが、海外で暮らすと、日本の当たり前は、海外では当たり前でないことに出くわすのは日常茶飯事です。「日本だったら、日本人だったらこんなことはないのに！」ということが頻繁に起こります。こうした状況に日々さらされるわけですから、多少のことではへこたれない忍耐力がつき、自然とストレスに対して強くなるわけです。

3 「海外体験者に対して求める能力」と「海外生活で身につく能力」

前述の1と2を見ると、「海外体験者に対して求める能力」と「海外生活で身につく能力」に共通項が見えてきます。これこそが、海外留学生ならではの就活で企業にアピールするポイントになります。もちろん、細かいことを言えば、企業ごとに求める人物像というのは違ってきます。その人物像を見つける方法に関しては、のちの章で述べるとして、ここで紹介する能力に関しては、一般的に企業が留学帰国者に求める可能性が高い能力であり、しかも留学帰国者にとってアピールしやすい能力だと理解してください。

共通した能力は、次の四つです。

「コミュニケーション能力」
「主体性・積極性」
「外国語能力」
「忍耐力・我慢強さ」

これらを見ると、どれも仕事に直結する能力と言えますね。仕事をする上で、社内外問わず、円滑なコミュニケーションをはかっていかなければ仕事になりません。こちらの言いたいことを一方的に言うだけでは、コミュニケーションは成立しません。人間は感情のある生き物ですから、たとえ正論を言ったとしても、それを相手が受け入れてくれるとはかぎりません。大切なことは、相手の言い分に真摯に耳を傾け、相手の意見を理解した上で、今度はこちらの言い分も相手が理解しやすい形で話してあげることです。海外生活をしていると、文化や価値観の異なる人たちと日々コミュニケーションをとることに慣れるため、自然にどのようなタイプの人であっても円滑にコミュニケーションがはかりやすくなります。また企業は、言われたことしかやれない人材よりも、自ら率先して仕事や課題を見つけ、改善、解決できる人を求めることから、「主体性・積極性」がある人が好まれます。その点、留学帰国者には、未知の世界に自ら好んで飛び込んでいくチャレンジ精神がありますし、自分が動かなければ何も始まらない環境のなかで生活することで「主体性・

積極性」が否が応でも身に付いています。

「外国語能力」に関しては、現在、世界がグローバル化へと向かっている状況下、企業は、国内にいようが外国人との接点を持たずにはいられない方向へ猛スピードで進んでいます。その意味でも必然的に外国語力が求められるでしょう。また、企業は正解を自ら模索していかなければならず、その過程ではままならないことも多く、不測の事態などに遭遇することもあるでしょう。こうしたきびしい環境下、企業は忍耐強く解決策を見つけ、国内外でビジネスを展開していかなければなりません。そういう意味においても、企業は「忍耐力・我慢強さ」を求められます。

上にあげた四つの能力は、言葉、文化、生活習慣の異なる海外で、リスクを取って、自らの意思で海外留学に挑戦してきた者こそ身に付くであろうと、企業は期待しているのです。

大切なことは、留学する前から、海外ではこのような能力が身に付くということをしっかり認識することです。そして、これらの力をよりスピーディーに、かつ顕著に身に付けて帰国するために、留学中に何をすればいいのかをしっかり知っておくことです。

4 ◯◯力をつけるために、こんな行動をしてみよう。これまで私が担当した留学生の実際の行動例を紹介します

ここでは、私が留学生に「留学する前によくアドバイスする内容」をわかりやすく紹介します。留学したら◯◯力を身に付けよう、ということは言われるものの、具体的にどんなことをすれば◯◯力が身に付けられるかまで解説しているケースは驚くほど少ないからです。そのため、多くの留学生がいざ留学したものの、その後、具体的にどうすればいいのかわからず、つまずいてしまいます。

これから述べる内容は、机上の空論ではなく、留学先でだれでも実践できることです。

(1) 外国語を身に付けるためには、ただ語学学校に通うだけではなく、語学学校の授業への参加の仕方を知り、授業以外でどんな行動をとると語学力がアップするかを知る

海外生活をすれば、それだけでだれもが自動的に流暢に話せるようになる、というのは幻想です。この当たり前のことに、多くの留学生は気がつきません。なぜでしょうか？

留学前はだれもがその国の言語を流暢に話せるようになりたいものです。ところが、はじめに抱いていたその目的が、次第に「学校へ通うことそのもの」に変わってしまいます。

別の言い方をすると、学校に通って無難に授業を受けてさえいれば、その日の目的は終わり、と解釈してしまうのです。そのため、わざわざ授業中に自分に負荷が加わるようなことをしようとしなくなります。これはとりもなおさず、学校へ通ってさえいれば、自動的に流暢になれるはずだと心のどこかで考えている証拠です。

このような受け身的な姿勢で授業に出席したところで、語学力アップは決して望めません。

あなたがもし流暢に話せるようになりたいのであれば、このような姿勢ではいけません。授業を受けるなかで、自分自身に負荷をかけることをお勧めします。たとえば、文法の授業であなたが答えを知っていても、敢えて先生に質問をしてみるのです。答えは知っているのだから、あなたにとって答えはどうでもいいわけです。それなのに、なぜ質問するのか？　それは、先生がその答えをどのような表現や言い回しで教えてくれるのかを学ぶためです。このような視点で授業に臨むかぎり、文法の授業であっても、あなたにとっては表現力の勉強にもなるし、もちろん、リスニングの勉強にもなるわけです。その際、先生の使った表現でいいと思ったものがあったら、それをノートに控えておきます。これを一、二ヵ月継続するだけで、ノートが一、二冊分になるくらいになります。それは、あなたにとって有効な表現集になるでしょう。なぜ有効かというと、それらの表現集の内容は、その場に自分がいて、実際に耳にした生きた表現ばかりだからです。だから、強烈に印象に残っており、しかも実践的なのです。このノートの有効性は、あなたにとっては市販で売っている英会話集の比ではありません。

語学力アップを図る上では、このように授業に単に出席すればいい、というのではなく、授業中に自分に負荷をかけることが大切なのです。

先に、語学力とスポーツの向上関連の項目でも述べましたが、特定の環境のなかにいるだけでは何も変わりません。その環境のなかで、どんな行動をするのかが大切です。語学力向上も同じです。「今日の授業でこれを質問してみよう」とか、「これを発言したら、クラス内の意見が活発になるかもしれない」といったことをあらかじめメモしておきましょう。

さらに、「こんな意見が飛び出したら、こう答えよう」という具合に、自分なりの回答も準備しておくとよいでしょう。このように、授業で自分の語学力がさらにアップするよう工夫したり、仕掛けることをお勧めします。

次に大切なことは、授業が終わった後です。その日の授業が終わると安心してしまい、同時に語学力向上モードも終了してしまう留学生が多いのです。実にもったいないことです。海外では二四時間がその国の言語に触れられることができる絶好の機会です。そこが日本にいるのと明らかに異なる点です。この絶好の環境を活かさないというのであれば、日本にいるのと同じです。むずかしく考えることはありません。ホームステイや寮やシェアハウスに滞在しているのであれば、ホストファミリーやハウスメイト、ルームメイト、シェアメイトと積極的に会話をするようにしたり、リビングでローカルの番組を見たり、ラジオを聴いたり、友人と外出したり、ショッピングに行ったりなどすればよいのです。要は、常に会話をする機会を意識的に増やすよう工夫する、ということです。語学力アップの場というのは、何も学校の授業にかぎったことではありません。いつでも、どこでも学びの場となるのです。だから、むしろ学校から離れた後が勝負だ、というくらいの気持ちで生活することが大切なのです。その姿勢が、生活のあらゆる場を「学びの場」と変えるのです。このことを肝に銘じておきましょう。

(2) 国際感覚・異文化適応能力を身につけるためには、現地人との交流をはかること。その方法を教えます

意外に思われるかもしれませんが、現地人と交流せずに帰国してしまう留学生は非常に

多いのです。留学先では他国から集まる留学生同志とは仲良くなりやすいのですが、現地人と交流をしないまま帰国してしまいがちです。

私は仕事柄、現地にいる留学生から、「現地人と交流したいのですが、その方法がわかりません」という相談を受けます。そこで、ここではその具体的な方法を述べておきたいと思います。

現地人と交流をはかる一番てっとり早い方法は、現地人のいるコミュニティに入ってしまうことです。たとえば、アルバイト、ボランティア、インターンシップ、スポーツクラブ、サークル、教会などなどです。もちろん、留学先国やビザの種類によって、アルバイトやインターンシップが禁止されている場合もあるので、そのあたりは各自で状況を確認してください。

コミュニティを知る方法としては、友人知人から情報収集を得ることができますし、学校に通っているのであれば、学校のスタッフにも確認できるでしょう。留学エージェントを通しているのであれば、エージェントへ確認することもできます。もちろん自分自身で調べることも可能です。今はいろいろな情報サイトがありますから、インターネットから探すことも可能です。

アルバイトやインターンシップに関しては、仮に見つけられても、語学力不足やビザの残存期間によって受け入れてもらえないケースがあります。

ちなみに、アルバイトやインターンシップ先を見つける有効な方法としては、現地留学エージェントの掲示板、地元のフリーペーパー、インターネットなどを活用することがありますが、一番確実なのは、アルバイト、インターンをしていた友人、知人が帰国する際に、そのかわりとして入れてもらうことです。その友人が帰国することで一名分空きができますし、紹介の場合は、受け入れ先もわりと好意的に了承してくれやすく、とてもスムーズに入れるからです。そのためには、常に友人とのコミュニケーションをはかっておくことをお勧めします。

それと、海外では当たり前の方法なのですが、アルバイトやインターン先には、直接CV（履歴書）を持参したり、送付する方法があります。日本ではあまり考えにくい方法ですが、これは有効な手段で、海外では普通にやっています。

これらの手段を使い、ぜひ海外のコミュニティに入るよう働きかけてみてください。ある目的のもと、現地人と行動を共にすることで、考え方や価値観の違いにじかに触れることができます。また、そこで自分の考えを積極的に発信することで、彼らにはない発想や視点を与え、周囲に好影響を与えることができます。その過程で、国際感覚・異文化適応力も自然と身に付きます。

他の国からの留学生との交流ももちろん大切ですが、現地の人たちとの交流も積極的にはかり、貴重な経験を積むよう頑張ってください。

(3) 主体性を身に付けるためにはどんな行動を起こせばいいのかを教えます

先に、海外のコミュニティに入る有効性について述べましたが、ただ、コミュニティに入ったからと言って、メンバーの指示に従うだけであれば主体性は身に付きません。ここでは主体性を身に付ける方法について解説します。

主体性は、周囲の指示で動くのではなく、自ら考え、自分の意思で動くことで鍛えられます。イギリスへ留学したサッカー好きの学生がいました。彼は、現地のサッカーのクラブチームのトライアウトを受け、合格することができました。そのチームに入るや否や、彼は周囲の選手を見て思ったことがありました。一人ひとりが自分のプレーしか考えず、「俺が、俺が」という選手ばかりであった、というのです。「チームワークなどあったものではない」と当時を語ってくれました。そこで彼は、サッカーではいかにチームプレーが大切かということを、プレー中にも、練習後にも日々訴えたそうです。イギリスはサッカーの本場です。最初、メンバーはいち日本人がいうことなんて聞いてくれなかったそうですが、徐々に彼の言葉に耳を傾けてくれるようになったそうです。その後、チームのメンバーは個人プレーに走るよりも、チームワークを活かすことが勝利に結びつくということを数々の試合で知ることになります。そして、ついに彼は、チーム内の意見の調整役として活躍するようになったのです。余談ですが、最初、メンバーは彼を名前で呼ばず、「ジャパニーズ」と言っていたそうです。それが徐々に名前で呼ばれるようになり、最後には親しみのあるニックネームで呼んでもらえるまでに信頼を勝ち得たそうです。

この留学生の行動から何を学べるでしょうか。サッカーのクラブチームのトライアウトを受けることもスゴイのですが、チームに入った後、チームワークの欠点に気づき、チームの勝利のために、それを改善しようとしたことです。

そんなことをしなくてもチームにはいれたはずです。しかし彼は、気づいたことを放置することなく、チームのために勇気を出して指摘し、チーム内に好影響を与えたのです。

彼の、その行為は素晴らしいと思います。これはまさに主体性を見事に発揮した例と言えます。当然、彼は企業からの内定を早い段階でゲットできました。

考えてみれば、彼が早々と内定を取れたのは当たり前のことです。異国の地で、コミュニティに入り、外国人相手に周囲のために自分が気づいたことを積極的に発信し、状況を変える行動を起こすことができる主体性がある、と企業は判断できたからです。

このように、自分が気づいたことを発信し、周囲に好影響を与えようと行動してみることが主体性を身に付けることにつながります。

何も大それたことをしよう、などと思わなくてよいのです。普段、生活をしていて、「こうしたほうがいいのに」とか「こうやると効率がもっと良くなるのに」などと気づくことがあったら、それを放置することなく、周囲に発信していけばいいのです。それによって、感謝されたり、喜ばれたりするようになります。たとえば、ある雑貨店で仕事をすることになったとしましょう。商品の陳列をもっとこうしたほうが見やすいと感じたら、それを伝えてもよいでしょう。その商品の良さを伝えるためのＰＯＰをつけたらどうだろう？　などと気づいたら、それを提案してもよいでしょう。こうしたことを少しずつ試していくことが大切です。もちろん、自分が発言したことがすべて受け入れてもらえるとはかぎりません。しかし、そこで腐ることはありません。受け入れてもらえるかどうかは相手次第です。こちらがコントロールすることはできませんから、受け入れてくれるかどうかは相手に任せればいいのです。コントロール可能なことは自分の行動のみです。思ったこと、気づいたことが周囲にとって良いと判断できることであれば発信すること。これはコントロール可能なことですね。

大切なのは、自分で考えて意見を発信したり、行動に移すことです。このことが主体性を養う意味でとても役に立ちますし、自分の成長にもつながります。相手が受け入れてくれるかどうかにかかわらず、自分のとった行動は、必ず自分で評価してあげてください。それほどの価値ある行為だと知ってください。

第3章

海外体験を就職活動に活かすための15ステップ

～留学前から就職活動は始まっている！～

しばしば留学前の人から、こんな質問が寄せられます。

「留学生する場合、就職活動はいつからはじめればいいのでしょうか？」

あなたはどう思いますか？　留学中からでしょうか？　あるいは帰国後からでしょうか？

私は躊躇なく、こう答えています。

『就職活動は、留学前から始まっています』と。

すると、大概はポカンとした表情を浮かべます。当然ですよね。これから留学することで頭がいっぱいなのに、留学前から就職活動をするだなんて、何をすればいいのか想像すらできないはずです。あるいは、そもそも留学前から就職活動の準備など必要なのか？と反論したくなるかもしれませんね。しかし、これはれっきとした事実です。留学前から就活の準備をしておくことで、留学中の時間をたいへん有効に使えるようになりますし、帰国後は決して慌てることなく、就活に臨むことができるようになるのです。

このように言うと、なにやらむずかしそうな気がするかもしれませんが、ご安心ください。これから紹介する15のステップをご覧になれば、「留学前」「留学中」「帰国後」に何をすればよいかがわかります。さぁ、はじめましょう。

1　留学前編

（1）まず、今の自分を知る。自己分析の大切さを認識しよう

何をおいても最初に必要なステップは、「今の自分を知ること」です。言い換えると、「自分の現在地を知る」ということです。

たとえば、自分が行きたい目的地Aがあるとします。Aに行くためには、自分の現在地を知らないと、Aまでどのような方法や手段で辿り着けばいいのか分かりませんよね。でも多くの人は、自分の現在地を知らない状態で、いきなり自分がなりたい姿、つまり目的地のみを決めようとします。これでは、目的地までどのように辿り着けばいいのかわかるはずもありませんよね。普段自分がどこかに出かけようとする場合、自分がいる場所を起点にして目的地までの行き方を調べるはずです。起点が分からないと、目的地までの行き方などわかりようがないからです。たとえば、法律家になりたい人は、自分が法律を知らなければ、その自分（自分の立ち位置）を知って、法律関連の学校に行き法律の基本から勉強し始めるはずです。法律を知らないという自分の立ち位置を知らないで、いきなり法律の専門書を読んでも、一向に前には進みません。これは当たり前のことです。自分のなりたい姿に近づくためには、それくらい「今の自分を知る」ことが大切なのです。

こうした自己分析の手法は、書店に行けばさまざまな自己分析本があるので、それを参考にしてみてください。自分のフィーリングに合うものを選んで読んでみればよいのです。ほかに、有料の自己分析ツールなどもありますので、そのようなツールを参考にしてもいいでしょう。

(2) 志望企業の求める人物像を知る。その分析方法を解説します

次に、企業の求める人物像を知ることです。なぜかというと、これを留学前にしっかり認識しておくことで、留学中に、その企業が求める能力をつけるためのプランニングを立案しやすくなるからです。

たとえば、志望企業が○○力を求めていることを知ったとします。そうしたら、その○○力をつけるために、現地でどのような活動をすればいいのか、というようにプランニングが立案しやすくなるわけです。

志望企業の求める人物像の調べ方としては、次のようなものがあります。

・現在のその企業の求人票の「求める人物像」を確認する

これは、求人サイトや求人誌、新聞の求人欄、ハローワークの求人情報などから見つけ

ると良いでしょう。

・その企業のＨＰを見て、代表の挨拶文から探る

代表の挨拶文のなかに、会社の姿勢などが記載されているケースが多く、それを読み込むことで、その会社の求める人物像を推測することが可能です。

・その企業のＨＰを見て、採用ページから確認する

意外と盲点なのですが、その企業のＨＰのみで人を募集しているケースは実に多いものです。したがって、求人サイトや求人誌、新聞の求人欄、ハローワークなどで求人がなくても、必ず志望企業のＨＰは確認しておくことが大切です。

・その企業のＨＰを見て、どんな商品構成やサービス内容なのかを知り、希望職種内容から考え、どんな能力が必要とされるかを推測してみる

企業のＨＰには、その企業が扱う商品の構成やサービス内容が必ず記載されています。それらを通じて、たとえば営業職であれば、個人向けの営業になるのか、法人向けの営業になるのかなど、いろいろ見えてくることがあるはずです。その情報のなかから求める人物像を推測していくのです。

・ＨＰに掲載されているＩＲ情報を読み、今後の方針などから、必要とされる人物像を推測してみる

企業によっては、ＨＰにＩＲ情報（投資家向けの企業情報）を掲載しています。そこにはその企業の現在の状況や将来の展望まで記載されているので、それを読むことで、求める人物像が見えてくることもあります。

・その企業の書籍が出版されているのであればそれを読み込み、どんな人が求められているかを推測する

すべての企業ではありませんが、企業によっては代表者が書籍を書いている場合があります。そこには、その企業のこれまでの歴史や理念、姿勢、サービス内容のほか、どんな顧客をターゲットにしているかなど、実にさまざまな情報が満載です。それを使わない手はありません。

・その企業で実際に働いている人が見つかれば、直接確認してみる

これができれば一番良いでしょう。やはり、実際にその企業で働いている方に聞いてみるのが確実です。学生であれば、いわゆるOB、OG訪問になります。自分の周囲の人に聞いてみてください。意外と近くにその企業で働いている人が見つかるかもしれません。

・その企業の情報が得られないときには、ライバル会社の情報を前記の方法で確認し、推測する

もし前記の方法でも見つからない場合は、その企業のライバル会社の情報を調べることをお勧めします。企業によって求める人物像が異なりますが、同業界、同業種のライバル会社であれば、志望企業の求める人物像とそう大きな違いはないでしょう。その意味で、ライバル会社から推測してみるのも良い方法です。

まだ志望企業が決まっていなくても心配はいりません。留学前なのだから、そのような人のほうがむしろ多いかもしれません。その場合には、第2章で挙げた企業の求める能力を参考にし、海外でのプランニングに役立てましょう。そこで挙げている内容は、多くの企業が求めている共通する能力です。これらの力を身に付けるだけでも、問題ありません。

（3）現地でのプランニングを作成。実際のプランニングを立てるコツを紹介します

ここでは具体的に現地でのプランニング作成について紹介していきます。

まず、プランニングの前提として、場面ごとにプランを分けることをお勧めします。具体的には、「学校の場面」、「日常生活の場面」そして「その他の場面」といった具合に分けます。ちなみに、「その他の場面」とは、アルバイト、インターンシップ、ボランティアなどの「アクティビティの場面」と置き換えてもいいと思います。

たとえば、あなたが語学力をつけたいとします。その場合、それぞれの場面ごとに自分がチャレンジすることを決めていきます。たとえば、こんな感じです。

「学校の場面」

・毎日、新しい人に、二人話しかける
・各授業中に、最低三回は発言する
・毎日先生に最低二回は質問をする

語学力をアップさせるには、自分が話す機会を意識的に増やしていくことが効率的なので、このようなプランニングが立てられるでしょう。このときのプランニング立案のコツ

は、**達成可能と思える「数字」を入れること**です。留学当初から達成困難な数字を入れる必要はありません。無理のない範囲内で設定するのがポイントです。達成を重ねていくうちに徐々に自信がついてきます。

もし「数字」を入れないとどうなるでしょうか？

・毎日、新しい人に話しかける
・各授業中に発言をする
・毎日先生に質問をする

チャレンジする内容はわかるものの、数字を入れた場合に比べ、なんとなく達成意欲が低くなりませんか？

たとえば、「毎日腕立て伏せをする」という目標を設定するよりも、「毎日腕立て伏せを二〇回する」というように具体的な数字を入れたほうが、自分がやるべき内容がより明確になり、やれたか、やれなかったかがハッキリ認識できますよね。その分、より目標に向かって頑張りやすくなります。もちろん、プランニング内容によっては数字を入れられない場合もあります。すべてのプランニングに数字をいれればいいということではなく、プランニングのなかに数字を入れることで、より明確に目標に向かって頑張りやすくなる、ということです。

「日常生活の場面」

・毎日ホストファミリーやルームメイト（ハウスメイト）に三回は会話をする
・好きな洋画のＤＶＤを借りて、英語字幕をつけ、繰り返し鑑賞する。そして、使えそうな英語表現をノートにとり、その表現を翌日に使ってみる
・一ヵ月以内に、現地の人たちとの交流サイトを利用し、現地人の知り合いを二人作る
・現地でつくった友人と小旅行をする

ここでも英語力をアップさせるために、学校以外の場でも、外国人の人たちとの交流ができるようなプランニングを考えてみるとよいでしょう。海外では二四時間、語学力アップがはかれる環境なので、ただ漠然と日常生活をおくるよりも、このように語学力アップにつながる何らかの行動を自分に強いるようなプランニングを立てると効果的です。

「アクティビティの場面」~例）アルバイト先（カフェ）

・月に一人、自分のファン客を作る
・お店のなかで気づいた点（サービス内容など）を、週に一回はオーナーに提案してみる
・与えられた仕事だけではなく、自分が希望する仕事内容を月に一回は直訴してみる

過去日本でアルバイト経験があるのであれば、勤務中必ず何か「こうしたほうがいいのにな」「こうするとお客さんから喜ばれるのにな」と気づくことがあると思います。海外でそうした場面に接したら、遠慮することなく、提案してみてもよいのです。そうすれば、語学力のみならず、自分の提案力、コミュニケーション力、主体性もおのずと磨かれるでしょう。

以上のように、場面ごとにプランニングを立案すると、常にチャレンジングな日々が送れ、モチベーションを維持しながら自身の成長につながる生活ができるようになります。

（4）出発前はできるかぎり、語学は勉強しておくこと。そうすれば現地でスタートダッシュがきれる

留学前の段階から「できるかぎり語学は勉強しておこう」と伝えても、あまりピンとこない人がいるようです。なぜなら、語学はこれから海外で学ぶものであり、敢えて日本で学んでいく必要はない、と考えているからでしょう。確かに、その気持ちはよくわかります。これから海外で学ぶのだから、なぜわざわざ今から学ぶ必要があるのか、と考えても不思議はありません。

しかし、ここでしっかり認識しておきたいことがあります。それは、空港を飛び立った時から海外の生活がすでに始まっている、という事実です。現地の空港に到着した際、もしかしたら体調が振るわないことがあるかもしれません。そのことを誰かに伝える必要が生じた際に、相手に自分の状態を伝えるだけの語学力はありますか？　これはほんの一例ですが、現地の空港に降り立ったときから待ったなしで外国語環境がはじまるのです。だから、片言でも構わないので、留学前からある程度、日常使いそうな表現くらいは勉強しておくことをお勧めします。今は書店にいけば、場面ごとで使える日常会話集のような類の書籍がたくさん出版されています。気になる書籍を数冊比較して、自分のフィーリングに合う書籍を選んで目を通すだけでもかなり違います。

また、海外に行くと、学校の授業などで知り合った外国人から、日本についていろいろ質問される場面が増えます。だから、日本についても勉強しておくことをお勧めします。書店に行くと日常会話集と同様に、日本文化を外国語で説明している書籍もたくさん出版されていますので、そういった類の書籍も一緒に準備しておくと良いでしょう。留学先で日本について聞かれ、まともに答えられずに恥をかいてしまった日本人留学生は大勢います。

日本で生活している間に、外国語表現を増やす方法をいくつか紹介していきましょう。まず、日常生活において、常に外国語で物事を考える癖をつけることが効果的です。たとえば、**「これを英語で言ったらどんな表現になるのかな？」という視点で考えてみるのです。**近くに英語が得意な人がいれば、直接、その表現を教えてもらいメモしておきます。そして、それを実際に声に出して表現してみるのです。こうすることで、次回同じシーンに遭遇したときに、その表現を使えるようになります。このように、日ごろ、些細なことから少しずつ外国語を意識した生活をすると、国内にいるうちから外国語で表現できることが増え、現地到着後はとても役に立ちます。

実は、留学前から語学を勉強しておく理由はもう一つあります。それは、事前に外国語を勉強しておくことで、現地到着後から行動範囲、活動範囲が広がるからです。外国語がほとんど話せない状態で留学してしまうと、言いたいことがあっても、それを伝えることができません。すると、自信を持つことができずに、発言や行動を躊躇してしまいます。

たとえば、現地到着後に学校のクラスメイトから、その晩、一緒にでかけようと誘われたとします。しかし、片言でも会話をするだけの語学力がないと、相手に迷惑をかけてしまうと思って遠慮してしまい、誘いを断ってしまうことがあるかもしれません。一緒に出掛けることで、その人物との友好関係を構築できますが、誘いを断ってしまったら、せっかくのチャンスを潰してしまいます。また、誘いに応じて出かけることによって、周辺事情を知るいい機会になるかもしれません。そんな絶好の機会も失ってしまいます。

以上のような理由から、留学前にできる範囲内で構わないので外国語を勉強しておくことを私は留学生に強くお勧めしています。

2　留学中編

（1）留学中に必ずやっておきたい行動とは？（その1）
海外のコミュニティに入って、主体的に行動し周囲に好影響を与えるエピソード作り

留学前に、こう考える人はいるものです。

「自分自身の成長のために、また帰国後の就活を有利にするために、海外でアルバイトをしたい、インターンシップをしたい、ボランティアをしたい、何かのアクティビティに参加したい」と。

ところが、留学先でこれらの活動ができたことで満足し、帰国後に「私は海外で○○を経験してきました」と自信ありげにアピールしがちです。前章でも解説しましたが、それだけではアピール不足なのです。

たとえば、あなたがインターンシップに参加したとしましょう。ところが、企業からすると、そのインターン先で、あなたが上司から言われただけのことしかしてこなかったのか、それとも自分ができることを見つけて行動したり、インターン先で課題解決などにまで貢献してきたのかが分かりません。企業は何を経験したかではなく、組織あるいはグループのなかで、どんなことができる人物なのかを知りたいのです。

ここで、ある留学生のエピソードを紹介しましょう。

Aさんは、大学を卒業後、一年間カナダへのワーキングホリデーに参加した当時二〇代の女性です。カナダではテレビの制作の仕事をしたいということで、そんな仕事ができるアルバイト先へ何社も直接足を運び、やっとの思いで採用されました。最初は、カナディアンの上司とともに、法人営業のアシスタントとして同行していたそうです。しかし彼女は次第に自分が営業に向いていないと思い始め、そもそもこの仕事をなんで選んだのかと考えたそうです。そして、もともと自分はテレビの制作の仕事をしたいという目的を思い出し、上司に思い切ってテレビの制作の仕事をさせてくれと直談判したのです。ところが、日本で就業経験があるわけでもなく、もちろん、番組の制作の仕事経験もないため、答えはNOだったそうです。ところが彼女は諦めずに、事あるごとに機会をうかがい上司に制作の仕事をやらせてもらえるよう直談判を続けました。その結果、ようやく上司は重い腰を上げ、いい企画書をかけたらチャンスをあげると言ってくれたのです。彼女は英語力の問題もあったものの、ひるむことなく懸命に企画書を書き上げ提出したところ、なんと彼女の企画が採用され、制作過程もこなし、見事彼女の企画の番組が放映されたのでした。彼女のビザが切れる時期になり、彼女はその会社から残ってもらいたいと説得されました。彼女の働きぶりは、それほど見事だったそうです。

彼女のエピソードから、こう言えます。「アルバイトであっても、インターンシップであってもボランティアであっても、海外のコミュニティに入って何か任務を与えられたら、まずはそれをしっかりこなしたうえで、さらに自分に何ができるかを考え、主体的に組織に関わり提案をしていき、周囲に好影響を与えられるような行動を起こすこと」と。その結果、彼女のように成果を残せればベストですが、成果が出せなくてもよいのです。自分が周囲に働きかけたこと自体が自分を成長させる原動力となり、確実に主体性や行動力が育まれていくからです。

そもそも**企業がどんな人を採用したいかといえば、それは自分で成長できる人**ともいえます。つまり、海外で単に与えられたことをするような受け身的な人ではなく、自からが動き、自分が関わったことで周囲に好影響を与えられる活動を継続できる人、ということです。そうした人はおのずと成長できるわけですから、企業の目には、当然魅力的に映るのです。

海外では、何か選択肢で迷ったならば、帰国後の就活を考え、常に自分が成長できる選択肢を選ぶようにしてください。その結果、企業はあなたを魅力的な人物として評価してくれるでしょう。

魅力的な自分作りのために、海外のコミュニティに入って、主体的に行動し周囲に好影響を与えるエピソード作りにチャレンジしましょう。

(2) 留学中に必ずやっておきたい行動とは?(その2)
語学力を証明できる資格などを現地で取得して帰国する

次に留学中にやっておくべきこととしては、語学力を証明できる資格を持ち帰ることです。

留学帰国者の就職支援をしていると、海外で一つも語学力を証明する資格を取得することなく帰国する留学生はわりと多いものです。その人たちの多くは、日本に帰国後、資格試験を受験できるからと考え、海外では受験しないようです。気持ちは分からなくもないのですが、次のことも知っておいてください。

帰国後に資格を受験しようとしたが、すでに締め切っていて、一ヵ月先、二ヵ月先の受験になってしまった。

実はこれ、結構多いのです。一ヵ月先、二ヵ月先の受験ということは、その結果が出るまでの間、語学力を証明できる資格がない状態で就活をすることになります(仮に試験が一ヵ月後とした場合、帰国後に就活をすぐ開始しようとしても、丸々三ヵ月間は、語学力を証明できる資格がありません)。あなたが語学力を有する仕事を希望していないのであれば問題にはならないでしょうが、せっかく留学したのだから、何らかの形でも語学を使う仕事をしてみたいということであれば、語学力をはかる資格が無いのは問題です。特に、次の二つの点に注意が必要です。

一つは、企業は語学力を判定する資格がないと、語学力がある人か無い人かの判断がしづらいことです。

語学学校の修了書があれば語学力の証明になると考える人もいるのですが、残念ながらそれは期待できません。その理由は、そもそも語学学校のレベルというのは、企業からすると全く分からず、想像もできないからです。

ただし、もしその企業が日常の業務で普通に語学を使うような会社であれば、逆に語学力を証明できる資格がなくてもだいじょうぶです。なぜならば、ズバリ面接でビジネスレベルの語学力があるかを測られるからです。ただし、このような企業の求める語学力のレベルは、単に会話ができる程度では到底太刀打ちができないレベルだと考えてください。

もう一つは、留学しているにも関わらず、語学力を証明できる資格を持たずに帰国したことは、結局、留学自体が単なる休暇や遊びだったのではないかと判断される可能性があることです。本当に海外で勉強してきたのか、と疑いを持たれるということです。

以上の二つの理由から、留学中には語学力を判定する資格を受験し、スコア（結果）は持参するようにしてください。タイミング的には、帰国する一ヵ月前くらいに受験をすれば、帰国後の際には結果がわかり、スコアも持参できるはずです。

もし余裕があれば、留学前に一回受験し、そして帰国前に一回受験すると、自分の語学力のビフォー／アフターが可視化できるため励みになるでしょう。留学生のなかには、自分の語学力のビフォー／アフターの差を上手にアピールし、いかに留学中に語学力を磨いてきたかを証明した留学生もいました。

本書を読んでいる方で、すでに語学力判定のできる資格を持参せずに帰国し、就活を開始する人もいると思います。その方にできるアドバイスとしては、要するに、自分に語学力があるということを証明できればいいのですから、現地での活動で、いかに自分は外国人とコミュニケーションをはかり、こんな成果を残すことができました、というようなエピソードを書類に書いたり、面接でアピールしてみてください。

具体的には、書類であれば、【特技】の欄に、「○○語」と記入し、現地で語学力を使って現地の人たちと交流した旨や良好な関係を構築してきた旨を書いたり、あるいはそれを

【自己PR】に記入してもいいでしょう。

(3)ネットワークを利用する。現地で仕事、ボランティア、ハウジング探しなどで「困ったとき」に活用すべきネットワークを紹介します

海外生活中に、アルバイトやインターンシップなどで就業体験を積んだり、ボランティア活動などを体験したいと考えている人は多いものです。異国の地でこれらの体験を積むことは自分の成長につながるので、とても良いことです。ところが、いざ自分で探そうとしても、どのように探していいのか分からない人が多いようです。ここでは現地活動の探し方を具体的にご紹介します。それを知っておくことで、日本にいるうちから調べることも可能です。

まず、現地の生活情報を調べたい方にお勧めのサイトがあります。それは、Craigslist(クレイグスリスト)(https://www.craigslist.org/about/sites)です。世界五〇ヵ国 五七〇都市(二〇〇九年時点)向けの生活総合情報を扱うサイトで、アパートやシェアハウスなどのハウジング情報やアルバイトなどの求人情報、ボランティア、コンサートやスポーツ観戦のチケット情報などがわかり、一般の人たちなどが投稿する地域情報コミュニティサ

第3章

イトです。毎月多くの求人広告が掲載さる世界でも大手の求人サイトです。具体的な利用の仕方は、インターネット検索で、「craigslist Vancouver（都市名）など」と入力します。すると、その都市のコミュニティサイトが出てきます。サイトはcommunity、housing、jobsといったようなカテゴリーに分かれていて、自分が探しているところをクリックすると情報が出てきます。

そのほかの便利なサイトとしては（二〇一五年六月現在）、次のものがあります。

イギリス：Gumtree, Mix-b, loot など
オーストラリア：Gumtree, JAMS. TV, nichigopress.jp
カナダ：e-maple.net
アイルランド：Mix-b
ニュージーランド：nzdaisuki.com
フィリピン：フィリピン掲示板（http://bbs.ablogg.jp/phl/）
マレーシア：マレーシア掲示板（http://bbs.ablogg.jp/mys/）
※ちなみに、この掲示板は、次の国の情報もあります。
（アイルランド、アメリカ、アラブ首長国連邦、アルゼンチン、イギリス、イタリア、インド、イン

ドネシア、オランダ、オーストラリア、カナダ、韓国、シンガポール、スペイン、タイ、台湾、中国、ドイツ、ニュージーランド、フランス、ブラジル、ベトナム、ベルギー、ペルー、南アフリカ、メキシコ）

そのほかもインターネットで各国を検索すると見つけることができるはずです。このような現地情報サイトで探す方法はお勧めです。

そのほかの方法としては、もし留学エージェントを経由している方でしたら、留学エージェントの担当カウンセラーに直接確認してみるのも良いでしょう。

探し方を教えてもらえると思います。現地オフィスがあるようでしたら、そのオフィスに足を運んでみてもいいでしょう。

さらに仕事探しの面で確実で効率的な方法があります。それは周囲にいる、すでに仕事をしている友人、知人に紹介してもらう方法です。もしその方が帰国されるようなら、さらにチャンスが広がります。必ず人手の空きが出るので、そこの職場に紹介してもらうことで高い確率で採用してもらえるでしょう。紹介は仕事探しの面では強力なツールになります。

あとは直接職場にアプローチする方法があります。今回留学が初めての方には意外に感じられるかもしれませんが、多くの方がこの方法で仕事を獲得しています。日本で仕事を探すときには、履歴書を持参して直接アプローチするケースはほとんどないため、ピンを来ないかもしれませんね。しかし海外では、これも実は有効な方法だと知っておいてください。

もう一つ、裏ワザをご紹介しましょう。それは現地の日本人会のような日本人コミュニティに所属している方々の力を借りる方法です。そのコミュニティには、すでに永住されている方や長期間にわたり駐在している方などで構成されているため、現地の事情に通じているし、日系企業にツテがあったり、現地人の知り合いも多いはずです。実際、日本人留学生のなかには、日本人コミュニティの方々と交流を持ち、帰国後の就業先まで紹介してもらった方もいるのです。何より現地に通じている方々ですので、日ごろの生活に関する悩み、不安などの相談に乗ってくれるかもしれません。

(4) 心のケア。相談者を持つ。不安や悩みは一人で抱え込まない

前項で「困ったとき」に活用すべきネットワークをご紹介しましたが、海外で悩みや不

安を抱いたときに大切なのは、決して一人で抱え込まないことです。一人で問題や悩みを抱え込んでしまうと視野が狭くなり、適切な解決策が見いだせないものです。

私たち日本人は、人に頼らず、自分で物事を解決できる人を評価する傾向があります。困っているときに、人に相談したり人の力を借りると、相手に迷惑をかけることになると躊躇し、自分一人で頑張ろうとします。

でも、本当にそうでしょうか？　立場を逆にして考えてみましょう。

私たちは人から相談されたり、助けを求められたとき、迷惑と思うでしょうか？

自分が相談に乗ってあげたり、力になってあげた結果、相手から喜ばれたとしたら、むしろ嬉しくないでしょうか？　なぜなら、相手の力になれたことが分かると、私たちは人の役に立てたという「自己重要感」が満たされるからです。私たちは、「自己重要感」が満たされると喜びを感じます。

ですから、もし、あなたが悩みや問題を抱えたら、決して一人で悩まずに、遠慮なく人に相談に乗ってもらったり、力を借りてみましょう。むしろ「相手に役に立たせてあげる機会を作ってあげたんだ」ぐらいの図太さを持ちましょう。相手もあなたの力になれることが嬉しいのですから。

これまで何度も述べたように、海外生活はストレスの宝庫といっても言い過ぎではありません。なぜなら、異国の地で生活するため、思い通りにならないことばかりだからです。そんな環境のなかで、一人で不安や悩みを抱え込んでしまうと本当に辛いし、精神的に病んでしまいます。せっかくの留学生活を充実させるためにはそれはネックとなります。遠慮せずに、心の荷物は人にどんどん預けましょう。

先述したように、現在、企業はストレスに「耐える力」よりも「処理する力」のほうを高く評価するようになっています。もちろん、ストレスに「耐える力」があるに越したことはありません。しかし、一人でできる能力は限られているのです。そんな限度のある力を際限なく伸ばそうと思っても仕方ない、という考え方になりつつあります。

自分の力だけで解決ができないときに、周囲の力を借りることができる能力は、明らかに後者の「処理する力」に該当します。海外生活では、ままならないことが多く、なかなか自分一人では対応できません。それゆえ、周囲の協力を仰がねばならない環境にいる、と言えるでしょう。ですから、海外生活をするとストレスを「処理する力」も自然と養われるのですね。

もし、人に相談したり、力を借りることに抵抗があるのでしたら、次のように考えてみましょう。

「今、自分は周囲の力を借りながら、努力して乗り越える力を鍛えているのだ」と。

「ストレス耐性を鍛えているのだ」と。

それでもどうしても人に相談できない人もいると思います。そんな人にも悩みや問題の解決の方法をお伝えしておきます。

それは、**自分の悩みや問題を頭のなかだけで考えないこと。考えるときには、紙に書き出し、紙の上で考えるようにすること**、です。

これを「Think on paper」と言います。まさに紙の上で考える、ということです。

紙の上で考える効果は二つあります。

一つは、紙の上に書き出すというプロセスを経ることで、自分の考えていることがまとまりやすくなることです。二つ目は、紙の上に書き出すことで、自分の問題を客観視して考えることができることです。

頭のなかだけで考えてしまうと、どうしても同じことをぐるぐると考えがちですが、紙の上に書き出す作業をおこなうと、自分の問題を客観的に考えられるようになるのですね。よく人の相談には適切なアドバイスができるのに、いざ自分のこととなるとパニックになってしまったり、冷静な判断を欠いてしまう、などということがありますよね。それは自分に関することでは、つい客観性を欠いてしまうからです。

もし一人で解決したい方は、「Think on paper」を活用してみてください。

(5)フィールドワークの勧め

留学経験を帰国後の就職活動に結び付けるために一番お勧めしたいことは、「フィールドワーク」です。フィールドワークとは、簡単にいうと、自分の関心のあるテーマに即した場所(現地)を実際に訪れ、その対象を直接観察し、現場にいる人にインタビューをしたり、聞き取り調査やアンケート調査をおこなうことです。要するに、実際に現場へ出向き、調査などをおこなう、ということです。

もし帰国後に就きたい職業が決まっているのであれば、その職業に関する調査をおこなうことです。

たとえば、帰国後にホテルマンになりたいとします。その場合、実際にいくつものホテルを訪れ、ホテルマンにインタビューしてもいいでしょう。その際に、次のような質問をしてはどうでしょうか？

●「帰国したらホテルマンになりたいのですが、そのために留学中にどんなことを経験しておくと良いでしょうか？」

こう聞くことで、留学中に自分のやるべきことが見えてきます。

●「一緒に働きたい同僚、働きたくない同僚はどんなタイプですか？」

この質問で、どんなホテルマンが必要とされているかを調査できます。

●「ホテルマンとしてのやり甲斐は何でしょうか？」

ホテルマンとしてのやり甲斐を知っておくことは大切ですね。

このように、あなたがホテルマンに関することで知りたい内容を直接ホテルマンにぶつけてみるのです。もちろん、彼らは勤務中ですから、一人にあまり多くの質問をすることは避けてください。二、三の質問でしたら、快く応じてくれると思います。

そのホテルに宿泊までするとと高くでしょうから、ランチやお茶をしてちゃんとお客さんとなってから実行してもよいと思います。ランチやお茶ならば、経済的な負担も軽くてすみます。そうすることで、ホテルマンの動きも観察できますから、まさに一石二鳥です。お客様に対してどんなおもてなしをしているのか、言葉、対応など何から何まで観察してください。

もちろん、ホテルにアルバイトやインターンシップなどで参加できるのであれば、いくらでもインタビューするチャンスに恵まれるでしょう。

先日も、ある留学生から「帰国後にはツアーコンダクターになりたいのですが、現地でどんなことをすればいいのでしょうか」と尋ねられました。現地の旅行会社に何らかの形で仕事を得られれば良いでしょうが、そんな人ばかりではありません。そこで私は、実際に現地の旅行会社に出向き、その会社で扱っているツアーに参加するようアドバイスしました。そこでカウンターの人に、一番人気があるツアーコンダクターがいるツアーを紹介してもらいなさいと伝えたのです。なぜかというと、一番人気のツアーコンダクターの動きを一日中観察できるからです。そして、お客様に対してどんな対応をし、どんな気遣いや工夫を凝らしツアーを楽しんでもらうとしているのかを見るのです。とても良い勉強になるでしょう。ツアー中に、休憩時間もあるでしょうから、そのときもチャンスです。そのツアーコンダクターへ前述したようなインタビューを直接ぶつけてみるのです。

私はよく留学生に、こう伝えています。

「もしあなたが就きたい職業があるのでしたら、その職業に就いている人に直接会い、話を聞いてみることです」と。これはとても良い方法なのです。

なぜならば、自分が将来なりたい職業に就いている人に話を聞くことによって、自分とその職業までの距離が分かるからです。**要するに、その職業に就くためには、今自分が何をしなければならないか、どんな準備をしなければならないかが良くわかるのですね。**また直接お話を聞くことによって、その職業が意外と身近な存在に思えてきて「私でも成れるのではないか」という自信がつくものです。いくら本を読んだり、勉強したとしても、その職業の実態はわからないものです。しかし、実際にその職業に就いている人とお会いして話をすれば、どんな感じの職業かわかりますし、モチベーションも高まります。本で勉強する何十倍もの効果がある、といえるでしょう。

フィールドワークにはもう一つの効果があります。それは、帰国後の企業面接です。たとえば、面接官から志望動機を聞かれたときに、一般的には「私は○○業に興味がありまして……」という言い方をする人が多いのですが、もしフィールドワークをしていれば、こんな言い方ができるでしょう。

「私は○○業に就きたいと考えていたので、留学中に現地の○○に視察に行き、アンケートを○○枚取得してきました。」

「実際に○○業をしている方や○○人にインタビューをしてまいりまして、サマリーをしてきました」

「人気ツアーガイドのいるツアーに参加し、人気の理由を自分なりに○カ条にまとめてみました」


このようなことを回答に織り交ぜることで、自分の「本気度」を企業にアピールできるわけです。口ではなんとでも言えますが、それに行動が伴っていることを伝えられたら、説得力が違ってきます。

このように、フィールドワークは、帰国後の就職活動にも役立ちますし、何よりそれをおこなうことで自分自身が大いに成長できるので、ぜひチャレンジして欲しいと思います。

(6) 現地の行動を記録しておく

留学中に起こった出来事は意外と忘れてしまうものです。もちろん、印象深い出来事や辛かったこと、反対に楽しかったことは覚えているものですが、ちょっとした出来事は忘れてしまいがちです。しかし、留学中に起きたちょっとした出来事を通じて、自分では気づかなかった特性や成長が見えてくることがあるのです。あとで振り返ってみると、自分の思考パターンや行動パターンが見えてきたりします。その意味でも、現地での日々の自分の行動を記録しておくことをお勧めします。

具体的にどうやって記録すればいいのかというと、日記でもいいし、前述したフィールドワークでもいいと思います。私がお勧めしていることは次の五つの内容を記録することです。

●その日、何があったか/起こったか
●それに対して自分はどんな行動を起こしたか?
●それによってどんな結果が出たのか?
●それに対してどんなことを想ったか?/考えたか?

●そこから何を学んだのか？

この五つを日々記録していきます。記録場所はノートでもいいでしょうし、パソコンでもいいと思います。私がお勧めなのはブログです。ブログには三つの効果が期待できるからです。

一つは、日々の記録をつけることで留学中の出来事を漏れなく忘れないため。
二つ目は、帰国後の自己分析に役立ち、かつ就職活動にも役立つため。
三つ目は、文章が上達していくため。

一つ目は、説明不要ですね。二つ目は、ブログを帰国後に読み返すと、自分がどんな状況のとき、何を考え、どのような行動を起こすのか？　という視点で眺めることができるからです。それを振り返ることで、自分の思考パターンや行動パターンが見えてきます。当然、それは自己分析に役立ちます。また、先ほどのフィールドワークを記録していれば、それをプリントアウトしておき、面接時に持参してもいいかもしれません。面接の場では、それを見せることができたり、できなかったりするでしょうが、もし見せられれば、さらに自分をアピールできるでしょう。もし、見せられなくても、持参しておくだけで、自分はこれだけのことをやってきたんだと自信を持って面接に臨めるはずです。なんでもそうですが、自分の成果を可視化すると自信につながりますよね。

三つ目は文章の上達です。意外に思うかもしれませんが、日記やパソコンに入力する方法だと、だれも見ることはできません。したがってプレッシャーはありません。これに対し、ブログには誰かに見られているというプレッシャーがあります。そのため、意識して周囲の人が読みやすいように書こうと努めます。その姿勢が文章を上達させるのです。ですから、ブログを付け始めて、一ヵ月後に当初のブログを読み返すと、「こんな文章を書いていたのか?」というように思うことがあったりします。それは、文章が日々上達してきている証拠です。どんな仕事に就くにしても、文章が上手いに越したことはありませんよね。その意味でもブログに掲載してみることをお勧めします。

ブログはインターネットで検索すれば無料で作成できるので、簡単に始めることができると思います。

これらの理由のほか、今、採用現場においても、求職者の人物を知るために、ブログやfacebookを見ている企業もあると思ってください。その意味では、ブログに現地の活動記録などを掲載しておくことで、留学中におこなった自分のチャレンジや成果などをそれとなくアピールできるのです。そんなブログの使い方もあるということも知っておくと良いでしょう。

3　帰国後編

（1）海外生活の振り返りをおこなう（海外生活の棚卸）

ここからが、留学経験を帰国後の就活に結び付けていくための総仕上げの段階です。

私がこれまで数多くの留学帰国者を観察してきて感じることがあります。それは、帰国後、就活にうまく乗れない人には共通点がある、ということです。**その共通点とはズバリ、自分の留学生活での『成長』度合いを自覚できていない、もしくは可視化**（**言語化**）**できていない、**ということです。

企業面接で、留学生が聞かれる定番の質問に次の二つがあります。

「なぜ留学したのか？」

「留学中に何が得られたのか？　どんな成長ができたか？」

したがって、面接では留学中に自分が成長できたことや、どんな成果を得たかをしっかり面接官に言葉で伝えられるかがとても重要になってきます。

そこで、自分の留学中の『成長』度合いを知るために、自分に対して次のような質問をしてみることを私はお勧めしています。

『留学中に自分がどんな時にモチベーションがあがり、どんなときにモチベーションが下がったか』

こう振り返ります。このことが、留学中で得られた能力の棚卸作業となります。

まずは、留学中に起こったことを一ヵ月単位で振り返ってみてください。すると、そこで気づくことがあります。**それは、モチベーションが上がるときには、自分の『強み』や『成長』が見えてきて、反対にモチベーションが下がるときには、自分の『弱み』や『課題』が見えてくることです。**自分は何があったときにモチベーションが上がり、逆にモチベーションが下がったのはどんなときか？　それぞれの出来事を書き出してみるのです。その出来事から、自分のモチベーションの傾向を振り返り、文章にしていくのです。

たとえば、留学前は初対面の人が苦手だったとします。そのため、留学当初は、なかなか周囲の人に溶け込めずに孤立してしまい、モチベーションが低い状態でした。しかし、いつまで経ってもこのままでは自分は変われないと気持ちを切り替え、自分から相手に声をかけるようにしていくうちに、徐々に友だちが増え、生活が楽しくなり、モチベーションが上がったとします。その一連の状況を言語化してみると、こうなります。

『留学当初は初対面の人が苦手であったが、留学中に自分から相手に働きかけるようになり、現在では文化や価値観の違う人たちに対しても良好な関係を構築できるようになった』

これによって『関係構築力』や『働きかけ力』という面で成長できたことをアピールできるでしょう。

国内にはまだまだ外国人を目の前にすると物おじしてしまい、黙りこんでしまう人も多いものです。その意味でも、外国人を相手に関係を構築できるのであれば、それは現在、海外と取引している企業やこれから取引を検討している企業にとっては、魅力ある能力に映るでしょう。

私が留学帰国生と接してきてたいへん残念に思うのは、海外でせっかくいい『強み』が発見できたり、『成長』しているにも関わらず、自分でそれを自覚できていないことです。あるいは、自覚できていても、それらをしっかり相手に伝わる言葉に変換できていないことです。これではせっかく留学で獲得できた成長面を面接官に伝えられるはずがありませんね。非常にもったいないわけです。

それを避ける良い方法は、あなたの身近にキャリアカウンセラーがいれば、その人に一度相談をし、一緒に留学生活の棚卸をすることです。留学中にどんな『強み』『成長』『弱み』『課題』が見えたのかを客観的な視点からフィードバックしてもらい、しかもそれらを面接官にしっかり伝わりやすくするために言語変換してもらうのです。私は、このように人の力を借りることもお勧めしています。

留学中の『強み』『成長』『弱み』『課題』を棚卸する作業は、就活に役立つだけはなく、実はその後の自分の人生においても自信につながる重要な作業です。

帰国後すぐに就活をされたい方も、まずは海外生活での成長度合いを棚卸することを強くお勧めします。

(2) 求人の探し方あれこれ。求職者たちが意外と知らない求人を探す裏ワザを教えます

ここで面白いデータをお見せしましょう。

この図表は、私がメンバーの一人として関わっている実態調査委員会による調査結果で、

図表　海外就業体験者が活用する就職活動経路

あなたは、直近で参加した海外就業体験プログラムから帰国した後、就職活動をおこないましたか。就職活動をおこなった場合は、その経路についてお答えください。（複数可）
(n=553)

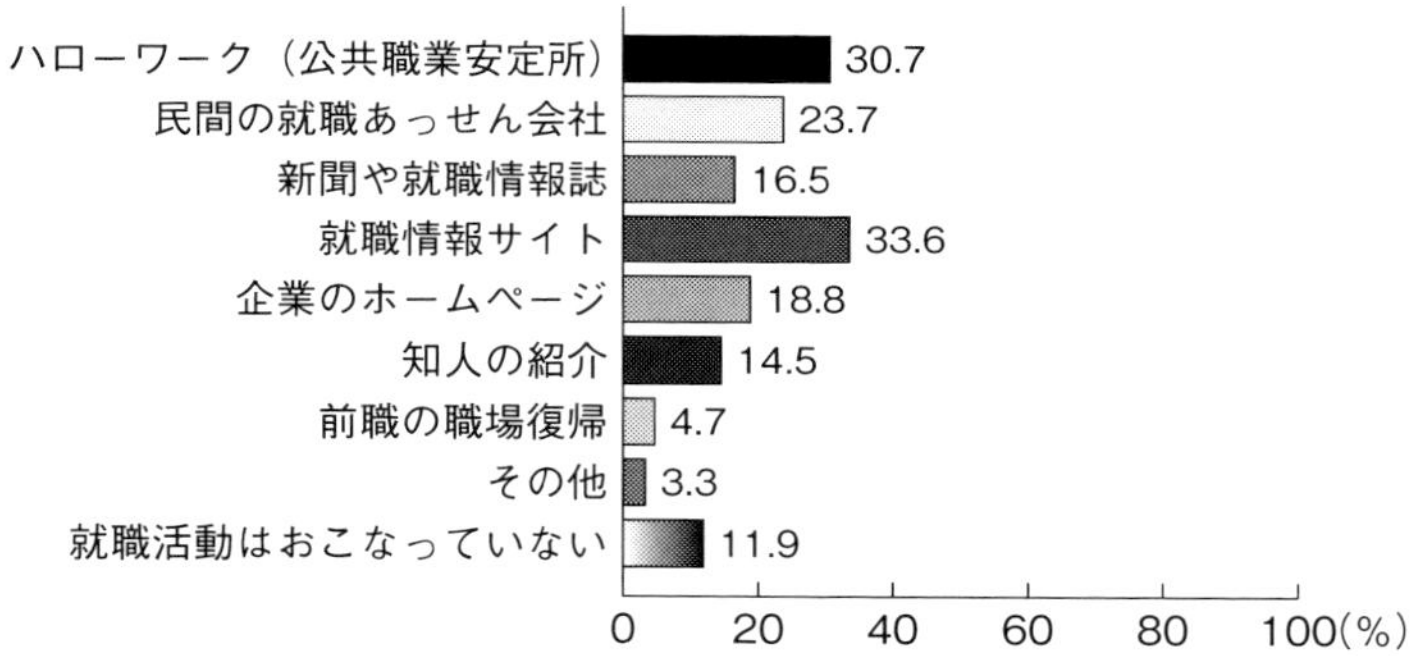

図表　企業が活用する採用経路

中途採用の採用経路について、今後の採用予定も含めてあてはまるものをお選びください。（複数可）
(n=294)

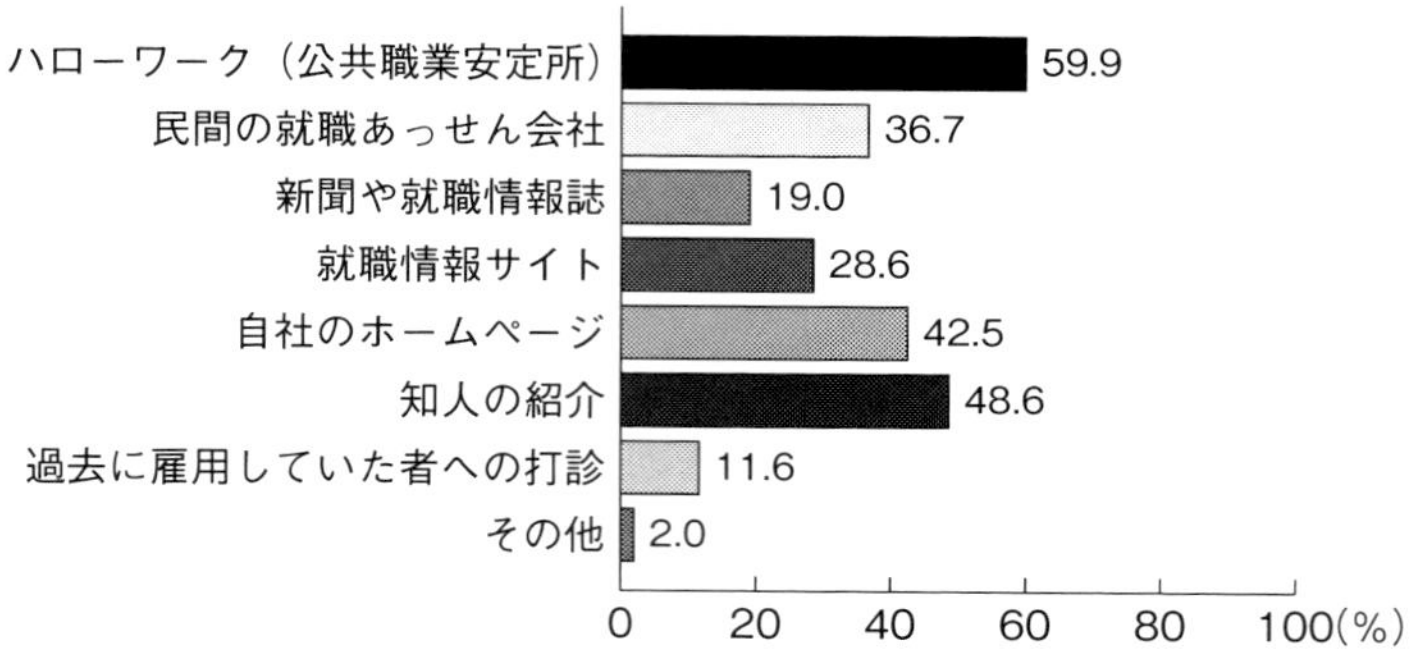

出典：一般社団法人海外留学協議会　平成二六年度「海外就業体験が若年者の職業能力開発・キャリア形成に及ぼす影響に関する調査研究」より抜粋

求職者側の就職活動経路と企業側の採用経路の違いを表しています。

図表をご覧いただくとその違いは明らかです。一般的に求職者が最も多く利用する経路は、リクナビやマイナビに代表される「就活サイト」です。確かにこの図表でも一番多くなっています。ところが、肝心の企業はというと、何と「就活サイト」は五番目の経路として活用しているにすぎません。

それ以上に、「知人の紹介」「ハローワーク」「自社のホームページ」「就活エージェント」を企業は有効に活用しているのです。

このことから、求職者側は、企業側があまり利用していない採用経路で求人に応募し、その結果、求職者同士が凌ぎを削っていることがわかります。つまり少ない求人企業のなかから懸命に探そうと努力している、ということです。これでは採用に至るのはたいへんでしょう。もちろん、「就活サイト」はとても便利ですから、活用するに越したことはありません。しかし、それ以外の経路でも、実は企業はたくさん求人募集を出しているということを知っていただきたいのです。

ここでは注目すべき点が二つあります。

一つは、企業は「自社のホームページ」を採用経路として有効に活用しているものの、意外と求職者がそれを知らず、活用していない、ということです。
二つ目は、企業の採用経路として意外に多いのは「知人の紹介」だということです。実はその裏には、ある事情が隠されています。それぞれについて見てみましょう。

まず、「企業のホームページ」についてですが、求職者の多くは、意外と企業のホームページを活用していません。どういうことかというと、求職者が求人情報を知るためには、まずは、「求人サイト」「ハローワーク」「就活あっせん会社」「新聞や就職情報誌」などを思い浮かべます。だから、求職者は、企業が自社のホームページでしか求人情報を出していないケースを意外と知らないのです。企業が「求人サイト」「就活あっせん会社」「新聞や就職情報誌」を活用しようとすると何らかのコストが発生します。これに対し自社のホームページであれば無料で掲載できますね。したがって、自社のホームページは企業にとって有効な採用経路として活用されるわけです。こんなことも知っておきたいものです。どの求人情報の媒体に載っていなくても、ぜひ企業のホームページは確認しておきましょう。

次に二つ目の「知人の紹介」です。「知人の紹介」というのは、顧客や取引先などからの紹介も含まれると考えてください。企業からすると、実は「知人の紹介」は、とても効率が良いのです。なぜなら自社のことを知っている人が紹介してくれるわけですから、自社に合っていない人材を紹介するケースはめったにないからです。つまり、一旦、その知人のところでフィルターにかけてくれるので企業は手間が省ける、ということです。

では「知人の紹介」が利用できない人にはチャンスはないのかというと、決してそうではありません。ここで、あなたに重要な事実を知っていただきたいのです。

それは、一切求人募集を出していなくとも、「いい人がいたら雇いたい」と考えている企業が実は多いということです。それが、この「知人の紹介」にあたると考えてください。「知人の紹介」で採用している企業は、一般的にはあまり求人募集をしていません。つまり、「いい人がいたら雇いたい」派なのです。

では、このような求人募集を出していない「いい人がいたら雇いたい」派の企業をどのように見つければいいのでしょうか?

実は簡単です。それは、**自分からその企業に直接アプローチをかける**ことです。意外に思うかもしれませんが、特に中途採用の場合には効果的な方法なのです。なぜ効果的かというと、**中途採用の場合は、新規事業の立ち上げや新規オフィスのオープンなどの場合を除き、ほとんどが欠員募集だからです。**欠員募集ということは、あなたがその企業に電話をするわずか数週間前にその企業の社員が退職する旨を告げている可能性があります。そこへ直接アプローチすれば、検討してもらえる可能性は格段と高まります。実際、私がサポートした留学帰国者のなかでこの方法を使い、就業先を決めた留学生はかなりいます。

その場合の手順としては、まずはその企業のホームページなどをみます。次に、電話をかけ採用担当者を出してもらいます。その後、自分の状況を簡単に説明し、履歴書、職務経歴書を送付する許可をもらうのです。ただそれだけです。もちろん、これはダメ元でやって欲しいと思います。ダメ元ですが、やる価値は大いにあります。これは新卒採用でも使える方法です。

求人情報のみに拘らず、ぜひ幅広く企業にアプローチをしてみることを強くお勧めします。

そして、あなたがアプローチできる企業は思いのほか多いということを知ってください。

（3）やりたい仕事が見つからないときの探し方

やりたいことを探す目的で留学をする人がたくさんいます。決してそれは悪いことではありません。しかし、現実に目を向けると、帰国時になってもやりたいことが見つからない人をしばしば見受けます。そんな人はわりと焦りがちですが、決して焦ることはありません。焦るのは、やりたいことが見つからなかったから、留学したことに意味がなかったのではないか、と後悔するからです。

そのような人にハッキリ申し上げておきますが、留学そのものの真価は留学直後に出るとは限りません。長い人生の間でじわじわ響いてくる場合もあるということを知ってください。ある留学帰国者は、「帰国後、就業した会社で仕事をし、数年経過した後でゆっくり振り返ってみたら、留学経験で得た能力を知らずに発揮していることが分り、留学して本当によかったと、今さらながら実感しています」と語ってくれました。そうです。留学経験は、その後の人生にも影響を与えると認識して、決して焦らないことです。留学経験者には、間違いなく本書で述べたような能力が必ず身についています。だから自信を持ちましょう。

さて、もしあなたが就職活動をする際に、自分のやりたいことが見つからなかったら、どのように企業や職種を選べばよいのでしょうか？

私がお勧めするのは、「自分は何がやりたいのか？」という視点から企業や職種を探そうとするのではなく、「この仕事だったら自分は好きになれそうか？」という視点で探すことです。この違い、わかりますか？「自分は何がやりたいのか？」という視点で探そうとすると、なかなか見つからないものです。そもそも自分がやりたい仕事があるかどうかも分かりません。よくやりたいこと、好きなことを仕事にするのが理想的、などという意見を耳にしますが、私は少し違った考え方をしています。人間は「好きなこと、楽しいこと」を仕事にした時点で、それが義務となり、好きでなくなってしまうのではないかと考えています。

野球やサッカーなどの一流選手のインタビューで「○○をしているときに、一度も楽しいと思ったことはありません」という選手をたまに見かけませんか？　それは本音だと思います。最初は楽しいはずのスポーツが、それを仕事にした瞬間に義務になってしまい、楽しめなくなるのです。

反対にこんなことを言う選手もいますよね？

「楽しみたいと思います」「楽しくやりたいと思います」と。

これは、「楽しくない」という心理の裏返しです。本当にそれをやることが楽しいと思っている人は、決してこんな言葉は口にしません。「楽しみたい」というのは、「楽しくない」から「楽しみたい」わけです。本当に楽しいのであれば、「楽しみたい」などとは言いません。

このように、人はやることが義務になってしまうと楽しめなくなるのです。

私は職業柄、さまざまな分野で活躍している方とお話しをする機会があるのですが、現在の仕事が世間的にも成功をし、自分でもその仕事を適職だと認めているような方と話していて気づいたことがあるのです。

それは、その人たちははじめからその仕事を希望して就いたのではなく、人からその仕事を勧められたり、他の仕事が全部不採用になってしまい、その仕事しかなかったからという理由で就いたということです。つまり、決して自分の思い通りではないところから出発して成功したものの、今ではその仕事に誇りを持ち、適職だと考え日々仕事に邁進している人が実に多い、ということです。

こうした人たちは、適職を見つけようとして見つけたのではなく、目の前の仕事を自分で適職にした、といえます。目の前の仕事に懸命に取り組み、あるとき後ろを振り返ったら、すでに自分はやりたいことをやっていたんだと、あとから適職に就いている自分に気づいたのです。

これに似た理論をスタンフォード大学のジョン・D・クランボルツ博士がPlanned Happenstance Theory（計画された偶発性理論）として発表されています。

「個人のキャリアの八割は予想しない偶発的なことによって決定される。その偶然を計画的に設計し、自分のキャリアを良いものにしていこうという考え方(ウィキペディアより)」

私自身の話で恐縮ですが、現在、キャリアコンサルタントとして日々留学生の支援の仕事をしており、たいへんやり甲斐を感じていますが、最初からキャリアコンサルタントを目指していたのかというと、全くそんなことはありませんでした。さまざまな偶然が重なり、また人との出会いもあり、目の前の仕事に全力で取り組んだ結果、今のこのやり甲斐のある仕事に辿りつきました。

話を戻します。

もともとどこかに適職というものがあり、それを探し求めるのではなく、目の前の仕事を「この仕事であれば好きになれそうかな?」という視点で見てみることです。そして、そんな仕事があったら懸命に頑張って適職にしていけばよいのです。そうすれば、「やりたいこと、好きなこと」を焦って無理に見つけたり、探そうとする必要はなくなりますし、もう少し気楽に取り組めるのではないでしょうか?

かりに「好きなこと」に拘りすぎると、かえって「好きなこと」が変わってしまうこともありますよね。その場合、好きなことが変わる都度、仕事を変えなければなりません。それはたいへんです。そうではなく、**自分が就いた仕事を好きになればいい、適職にすればいいと考えれば**肩の荷が降り、よほど確実ではないでしょうか。

「やりたいこと」が見つからない人は、「この仕事であれば好きになれそうか?」という視点で仕事を探してみてください。きっとあなたに合った企業、仕事が見つかるはずです。

(4) 自己PR、志望動機の鉄則を知っておく! それらを上手に企業に伝えるためのちょっとしたコツを紹介します

普段、留学帰国生の就職支援をしていていると、自己PRや志望動機が上手くまとまらず就活でもったいない想いをしている人に出くわします。ここでは、企業により魅力ある

自己ＰＲをしたり、志望動機を伝えるコツを紹介しましょう。

まずは自己ＰＲです。

先日、帰国間際の留学生から、帰国したらすぐに就活をはじめたいということで、自己ＰＲのチェックを依頼されました。私は自己ＰＲをチェックする場合、通常はその留学生が志望する企業のホームページや情報も一緒に沿えるように指示しています。

その留学生の自己ＰＲを見ると、留学先でチャレンジしたとてもいい内容が書かれていました。感心して読んでいたのですが、彼の自己ＰＲを添削してほしいという要望を思い出しました。そこで、私はその留学生に対して、次のようなことを言いました。

「〇〇君、スゴイね。こんなことにチャレンジしたんだ。なかなかできることではないよ。この調子でぜひチャレンジは続けてくださいね。ところで、自己ＰＲとしては、ちょっともったいないなぁ。実はこの文章は、志望企業からすると、「自己ＰＲ」になっていなくて、「自己満足」になっているんだよ」

これは一体どういうことでしょうか？

最初に知っていただきたいことがあります。それは「自己ＰＲ」と「自己満足」の違いです。

たとえば、あなたの強みが、Ａ、Ｂ、Ｃの順番だとします。この場合、あなたはどの強みを企業に一番アピールしたいですか？

もちろん、Aですよね。一番の強みなのですから。

では、あなたの志望企業がE、F、Cで強みを持っている人物を求めているとしたらどうでしょうか？

もったいない人のパターンは、ここで自分が一番強いAを志望企業にアピールしてしまうことです。これは自分が言いたい、アピールしたい要素ですよね。これを「自己満足」といいます。

自己PRとは、自分が言いたいことではなく、相手が聞きたい内容を言ってあげることです。上の例でいうと、まずは求める人物像は、E、F，Cの順番でしたので、これらに自分の強みのどこが合致しているかを見わけます。そうすると、答えはCですよね。

要するに、この企業に対して自己PRをするときには、一番強い要素であるAをアピールするのではなく（それは自己満足）、企業が求める強みに合致するCをアピールするわけです。これが自己PRです。

繰り返しますが、自己PRとは、相手が聞きたい内容を伝えることがポイントなのです。

企業の求める人物像はそれぞれ違います。ということは、あなたが強みをたくさんストックしておくことで、企業の求めに対応しやすくなり、効果的な自己ＰＲができるようになります。だから自分の強みはたくさん知っておきましょう。

「自己ＰＲ」と「自己満足」は、多くの留学生が間違えやすい点ですので、十分に注意してください。

志望動機に関しては、次の三つを念頭にまとめることをお勧めします。

〈１〉なぜその業界あるいは職種なのか？

〈２〉その業界、職種のなかで、どうして御社なのか？

〈３〉その企業でやりたいこと。

これらを意識して文章をまとめると良いでしょう。留学生によくありがちな間違いは、〈１〉のみで志望動機を終えてしまうケースです。かりにあなたが留学カウンセラーになりたいとします。その際に、志望動機に自分がいかに留学カウンセラーになりたいか、その理由をつらつら述べたとしても、肝心の「なぜ御社なのか？」という〈２〉の理由がないと、企業にアピールできず、「留学カウンセラーであれば、別にうちでなくてもその仕事はできますよね？」で終わってしまいます。なぜたくさんある会社のなかで御社なのか、という理由は必須条件です。

それがその会社に入りたい熱意になります。やはり、企業からすると、自社に入りたいという熱意が見えないと一緒に働きたいとは思えません。

だから〈1〉~〈3〉を志望動機のなかに盛り込むことをお勧めします。

それともう一つ、ここで採用に当たっての意外な企業の視点をお伝えしておきます。それは、**企業は必ずしも優秀な人を採用したいとは限らないということです。**もちろん、優秀であるに越したことはないのですが、採用の際に企業が何より重視している点は、「**自社に合っている人物かどうか?**」ということです。どんなに優秀な人物であっても、自分の会社に合っている人物だと判断できないかぎり、企業は採用しません。このことは、先ほどの「自己PR」の内容に合致しますね。これはしっかり認識しておいてください。

なぜ改めてこのようなことを述べるのかというと、面接の場面において、他の候補者が自分より優秀そうに見えてしまい自信をなくてしまう、といったことをしばしば相談されるからです。このときの答えは、「優秀だからといって採用されるとはかぎりません。いかに自分が御社に合っている人物かをプレゼンテーションできるかどうかにかかっていいます」です。その意味でも、自分の優秀さをいかにアピールするか以上に、その企業が求める人物をしっかり研究しておくことの重要性がご理解いただけると思います。

(5) 英語が使える仕事に就きたいけど、そんな求人がなかなか見つからないあなたへ

せっかく留学したのだから、現地で学んだ言語を使える仕事がしたいというのは自然であり健全な考え方です。ところが残念ながら、留学した誰もが語学を使える仕事につけるとはかぎりません。その理由は、語学を使う仕事に求められている語学力はかなり高いからです。たとえば、ただ英会話ができるからといって、英語を仕事の場面で使いこなせるレベルに達しているとはかぎりませんし、ある程度の語学レベルがある人でさえ、最初は戸惑うものです。仕事の場面で自分の英語の聞き違い、伝え間違いによって数千万単位の損失を会社に与えてしまった、などという話もあります。以前、どうしても英語を使いたいという帰国生に対して、普段から英語を使う環境の企業を紹介し、就業が決まりました。ところが、わずか数ヵ月で退職してしまいました。その理由は、あまりに普段英語を使う場面が多過ぎて、英語でコミュニケーションをとることにプレッシャーや心理的負担を感じ、英語を話すこと自体が怖くなってしまったからです。これは、前項でも述べたように、好きなことが仕事になった時点で楽しめなくなってしまった典型的な例と言えるでしょう。

仕事で外国語を使うとはそういうことです。このようなケースがあるということもぜひ知っていただきたいと思います。

話を戻しますが、ここで、就活で英語を使える企業や職種を中心に回っているものの結果がなかなかでなかったり、あるいは求人が見つからないあなたへアドバイスをしておきたいと思います。

それは、英語を使える企業や職種へアプローチすると同時に、少し幅を広げて、敢えて現在英語を使うシーンのない企業にもアプローチすることです。

なぜかというと、実はこれからの時代は、現在英語を使っていない企業でも、二〇三〇年までに国内の労働力人口が激減し、英語を使わざるを得ない状況になるからです。

国内の日本人が減れば日本人だけで現在の生産性が維持できません。つまり、外国人の手を借りなければ日本はやっていけない状況になる、ということです。

したがって、これからは海外に出ずとも国内に外国人が増えざるを得ない状況になる、と言えるでしょう。ということは、現在英語を使うことない企業であっても、英語を使うシーンが出てくる可能性があるわけです。そのような企業に行けば、あなたは社内で圧倒的な存在感を醸し出せるかもしれません。なぜならば、現在、英語を使う必要がない企業の場合、社内に普通に英語を話せる人が少ない可能性が高いはずだからです。

だから、その企業がいざ英語を使う場面に遭遇したら、あなたにチャンス到来です。外国人との折衝や仲介役を頼まれる可能性もあります。そのほか、社内で自分から海外進出の提案ができるかもしれません。どこの企業も市場開拓は深刻な課題です。特に、これまで国内市場のみで活動してきた企業の場合には、新たな市場を開拓していく必要性があるでしょう。そんなときに、英語ができるあなたなら海外進出の提案もできるわけです。

その際には、自分で市場を開拓したり、新たな仕事を創り出せる醍醐味を味わえるかもしれません。そうなれば、さらにモチベーションが上がるでしょう。社内に英語を使える人が少ないのであれば、間違いなくあなたは会社から重宝され、特別な存在になれるでしょう。

このように、これまで英語が使える仕事に就きたくても内定がもらえないとか、英語を使う求人がなかなか見つからない場合には、現在、英語を使っていない企業も選択肢に入れる手があることをぜひ知ってください。

第4章

内定がなかなかもらえない留学帰国組の共通点はこれだ！

(1) 留学動機があいまい

留学動機があいまいな状態で海外留学をすると、現地で獲得できる能力もあいまいになりがちです。実際に海外就業体験者にとったアンケート結果を見ると、その傾向が実にハッキリと出ています。

一四三頁の図表は、渡航動機別に向上した能力状況を表しています。具体的には『国際志向が強い層』『社会貢献志向が強い層』『現状打開が強い層』『動機があいまいな層』の四つの渡航動機別に分けた結果です。

それぞれの動機別の傾向をみると、

『国際志向が強い層』※1は、主体性、好奇心、チャレンジ精神、語学力などが高い。

『社会貢献志向が強い層』は、リーダーシップ、論理的思考力、協調性、規律性、仕事への意欲などが高い。

『現状打開が特に強い層』※2はストレス対応力、起業家精神、異文化適応力、専門的な知識やスキル、組織への定着度などが高い。

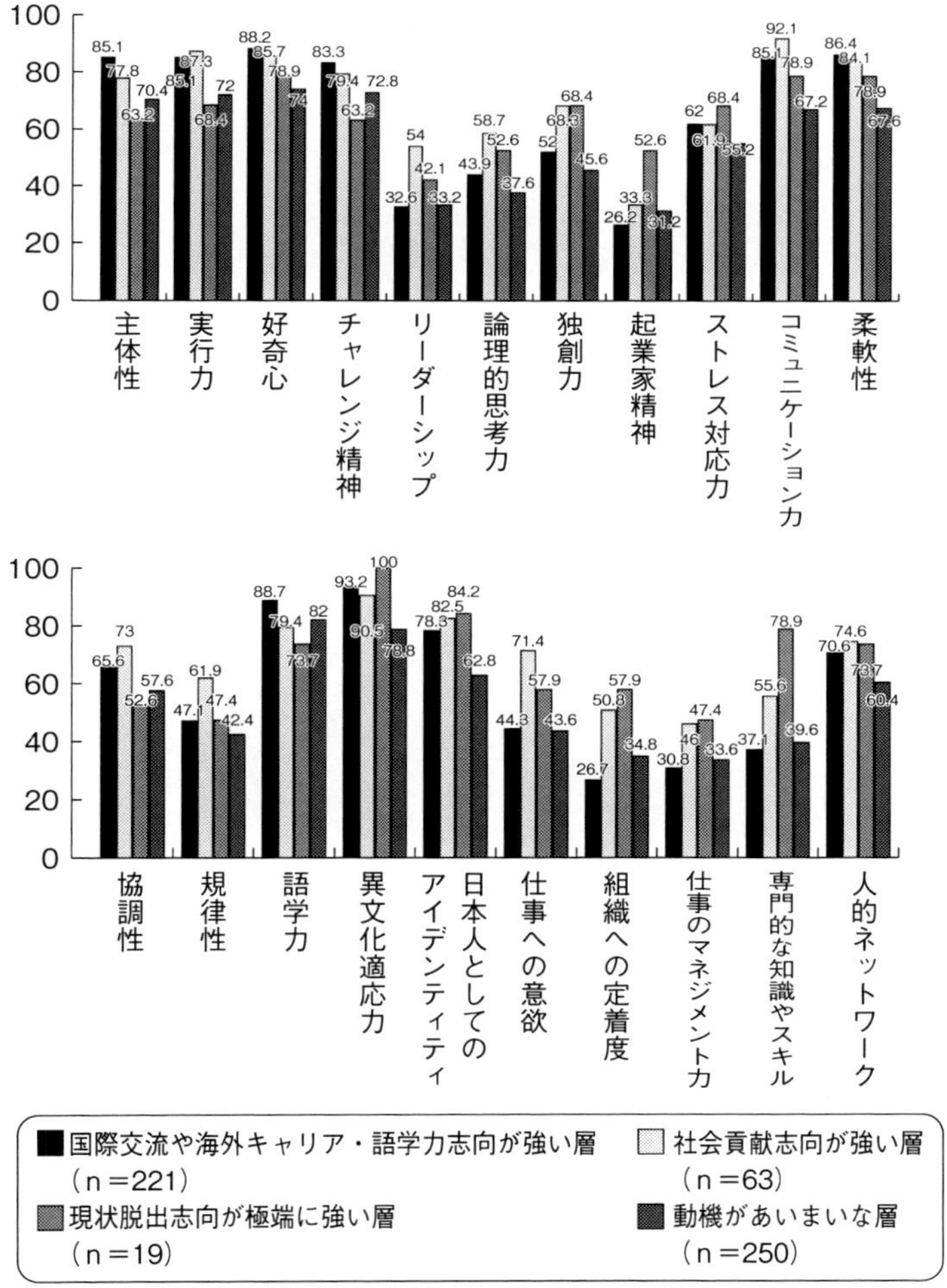

出典：平成二六年度「海外就業体験が若年者の職業能力開発・キャリア形成に及ぼす影響に関する調査研究」（一般社団法人海外留学協議会）より

※１：海外で仕事をしたい。語学力を身に付けたい層。
※２：職場環境・企業文化が合わなかった、起業をしたかった、仕事にやり甲斐を感じられなかった、自分に合う仕事をみつけたかった、キャリアチェンジをしたかった層。

これに対し、『動機があいまいな層』は、他の動機層と比較し、秀でて向上したと思える能力がないのです。

これは、実際に渡航者自身から得た回答の結果です。

留学中に能力を向上したと実感していないということは、当然のことながら、海外で身に付いた能力を企業面接でアピールするのは不可能ですよね。それでは自信をもって面接に臨むことができませんし、留学動機を聞かれたらどうしようと不安になるかもしれません。

もちろん、留学動機があいまいだからといって、全員がそのような状況になるとはかぎりませんが、少なくとも実際に留学経験者自身がこれらの結果を回答している以上、無視できないと言わざるを得ません。

前章でも触れましたが、企業面接の場面では、以下の質問が定番になっています。

『なぜ留学したのですか？』

この質問にあいまいに回答した場合、面接官はすぐにこう受け止めるでしょう。

『この人はどうせ海外に遊びにいっただけ』

『日本が嫌で、海外へ逃避したのかもしれない』

実際はそうではなくても、このようなレッテルを貼られた状態で面接が続くわけですから、あなたがその後、どんなにいいアピールをしたとしても、面接官に十分に伝わらない可能性があります。

留学動機や目的が明確だと、自分が向かうべき方向性が定まっている分、人は頑張れます。反対に動機や目的が不明確な場合、自分がどこに向かって良いのか分からず、力を発揮できません。この差が、上のアンケート結果に反映されているのだと思います。

留学中は誰も自分を監視する人がいません。だから、心して自分で手綱を引くしかありません。そんな手綱の役割りを果してくれるのが明確な渡航動機であり目的なのです。

留学するのであれば、まずは渡航動機を明確にすることから始めてください。

(2) 海外で得た力、成長した力を、しっかり面接官に伝わる言葉に言語化できていない

留学帰国者の就職支援をしていて、実に残念なケースがあります。その代表格が、すでに述べましたように、海外生活の振り返りがしっかりできていないことです。具体的には、留学中の自分の成長度合いをしっかり認識し、それを言語化できていないことです。

私たち日本人は、自分のことを自分で認める『自己承認』が苦手な国民だと言われています。普段、友人や知人から褒められたときに、その言葉を素直に受け止めて「ありがとう」と言えません。むしろ、「いいえ。そんなことはありませんよ。だって……」というように、認めるどころか「それは違います」と言わんばかりに答えます。そうでない理由を探し、それを実証するかのように、いろいろと自分の至らない面を主張しはじめます。褒められたことに対する照れ隠しもあるのでしょうが、基本的には自分を否定モードで語り出すことが多いのです。

日本人は「謙虚」が美徳とされているため、良い点を褒められても、それを素直に受けとれないのかもしれません。

このことを顕著に実感したことがあります。それは数年前に、ある県で数十校におよぶ高校の進路指導の先生方や三年生の担任の先生方向けに、キャリア教育の指導法に関する講師を務めたときのことでした。そこで、自分の『強み』と『弱み』を先生方に書き出してもらうワークをしました。ところが多くの先生方は、自分の『弱み』についてはすらすら書けるのですが、『強み』になるとペンが止まってしまうのです。教育する側がこのような状況ですから、教えられる生徒側は何をかいわんやです。決して先生方が悪いといいたいのではありません。日本人にはそれほど謙虚さが身についている、ということです。

ところが、外国人は違います。褒められると、素直に喜びます。

また、日本人の感覚ではまだ英語は話せないというレベルであっても、外国人は「私は英語を話せます！」と堂々と答えます。要するに、彼らは『自己承認』も得意なわけです。

私たち謙虚な日本人は、彼らからそうした点を学ぶ必要があるかもしれません。

話を戻しますが、留学生活を就活に結び付けるために必要なのは、帰国後に自分の能力の棚卸することです。

先述したように、『自己承認』が苦手な私たちは、意識してそれをおこなう必要があります。

すでに前章で、自分の能力の棚卸方法をお伝えしましたので、それをぜひ実行してください。その際には、能力の棚卸だけして終わってはいけません。振り返った内容をしっかりと面接官に伝わりやすい言葉に変換する必要があります。この作業は一人でもできますが、できれば、キャリアカウンセラーというプロの力を借りてみてください。

キャリアカウンセラーに依頼して、プロの視点から、自分の能力を言語化してもらうことで、「なるほど、確かにその能力は身に付いている」と気づかされるとともに、自分の「強み」や「成長」を言葉として可視化できます。これによって、あなたの留学生活は『不安』から『自信』に変わるでしょう。

この留学生活の振り返りと言語化は、帰国後の就職活動の胆になりますので、改めて押さえておいてください。

(3) 英語を使うことばかりに拘って就活している

これも多くの留学帰国者が陥りやすい点であると言えます。

帰国後に英語を使える職種を目指して就活をすること自体が悪いのではありません。そこに拘りすぎ、内定がなかなかもらえないとしたら、少し枠を広げてみてはどうかと提案したいのです。

そもそも仕事で英語を使うことに拘っているタイプの人は、その時点で不利になっています。なぜならば、英語を使える職種は、他の一般的な職種に比べて数が少ないからです。要するに、英語に拘ることで、該当する会社や職種が減ってくるということです。その限られた企業のなかから探そうとするわけですから、なかなか見つからないというのは当たり前なのかもしれません。

この部分は、3章3（5）ですでに述べていますから、そちらを参照いただくとして、ここではもう一つ留学帰国者が陥りやすい勘違いを述べたいと思います。

それは、**業務上、英語を使っている企業に対して、「仕事のほとんどを英語でおこなっている」と勘違いしているケースです。**

国内にある外資系企業にしろ、日本の企業にしろ、所在地が日本である以上、顧客の大半が日本人相手だということを忘れてはいけません。いくら求人票に「英語が堪能な人」と書いてあるからといっても、英語を使う頻度は、大概二～三割程度が普通だと考えてください。つまり、七割から八割は日本語で仕事をしているのです。それともう一つは、『英語を使える＝英語を話す機会が多い』と短絡的に想像する人も多いことです。実は、これも違います。企業や職種にもよりますが、業務上、英語を使っている会社の大半は、英語を「話す」よりも、「読み」「書き」が多いのです。つまり文書のやりとりが多いと考えてください。

もちろん、「読み」「書き」が多いとはいっても、管理職以上の場合には、頻繁に外国人スタッフとの打ち合わせなどがあったり、普段から英語を使ってコミュニケーションをはかるケースはあります。しかし、入社当初からバリバリ英語を使ってコミュニケーションがはかれるとは期待しないほうが良いでしょう。

以前、英語を使う企業の人事担当者と意見交換をする機会があったのですが、異なる企業の数人の人事担当者から、同じことを言われました。

それは「留学帰国者と面接していると、その多くは仕事で英語を八割以上使えると思っているようだ」とのことでした。企業の人事担当者は、留学帰国者に対してこのような印象を持っていたのです。

また、次のようなコメントを複数もらったこともあります。

「面接で留学生の話を聞いていると、うちに入りたいというよりも、仕事で英語を使いたいという意気込みしか伝わらない」と。

もし企業面接の場で、面接官にそのような印象を与えてしまったら、その時点でおしまいです。企業は英会話学校ではありません。英語が必須の企業の場合、あくまでもビジネスの手段として英語を使うわけです。そこでは、プロのビジネスマンとして英語を使いこなし、収益を獲得できるほどの高度な英語力が求められるわけです。英会話ができる程度の英語力では太刀打ちできないと考えたほうが無難です。

そこまでの英語力に自信がない人に対しては、前章で述べたように、選択肢の一つとして、敢えて現在英語を使わない企業に入社し、そこで英語を使うシーンを創り出すことを提案したわけです。

英語を使える企業のみに拘らず、英語を外した場合、どんなことに興味があるか、という視点からも企業探しをしてみることを私はお勧めしています。

（4）面接の場で権利ばかり主張しようとする

海外生活をすると、自己主張をしなければ、相手に自分を理解してもらえません。そんな環境にしばらく身を置いていると、自己主張することに抵抗が薄れていきます。それ自体は決して悪いことではありません。人間的な成長面から考えると、むしろ好ましいのですが、それを企業面接の場まで持ち込んでしまうとうまくいきません。

特に留学中に海外の企業に所属経験のある方は要注意です。海外の企業と日本の企業では、採用スタンスが大分異なるからです。

海外の企業の場合、予めその求職者に期待すること、やるべき内容や報酬額を明示され（これを「**job description**（ジョブ・ディスクリプション）といいます）、求職者がそれを受けるかどうかを選択します。つまり、面接時に、自分のやりたいことや報酬額などが交渉しやすい環境にあるわけです。

ところが日本の場合は事情が異なります。もしあなたがヘッドハンティングされるような状況であればそれも可能でしょうが、そうでないかぎり、自分から「英語を使う仕事をやらせてください」

「残業はＮＧです」

「有給はきちんと取れるのでしょうか？」

「私はお茶汲みはしない主義ですから、あらかじめご承知おきください」


などと海外にいたときのように、自分の主義や主張を出すと敬遠されてしまいます。そんなことを口にしたら、面接官にこんなふうに思われてしまいます。

「やっぱり留学組は生意気だな。入社する前からに自分の権利主張に走りたがる。この人を入社させたら、その後がたいへんなことになるぞ」


自分のやりたいことや主張を伝えたい気持ちはよく分かります。

それ自体は決して悪いことではありません。しかし、まだ日本のビジネス界では、面接の場で権利や主義を主張するのはタブーなのです。日本企業はまだまだ謙虚さを好む傾向にあります。


ですから、権利・主義を自分のなかから無くせとまで言いませんが、そこはぐっとこらえてください。

ここで、本書を読んでいるあなたに良い伝え方をお伝えしておきます。

それは、権利を主張するのではなく、「御社に貢献させていただく」という視点から物事を発想し、それを面接の場で語ることです。このような言い方ができると、面接官側は、あなたを常識をわきまえた「謙虚な人」と見てくれるでしょう。日本の企業風土を良い悪いといったところで始まりません。「郷に入れば郷に従え」です。

すでに自己ＰＲの仕方でも解説しましたね。あくまでも相手が聞きたいことを伝えてあげるのが「自己ＰＲ」であり、反対に自分が相手に言いたいことを伝えるのが「自己満足」ですね。ここでも同じことが言えるわけです。

自己主張は入社してからでもできるはずです。ですから、面接の場では、権利を主張するのではなく、あくまでも「貢献できます」という謙虚な立ち位置で面接に臨むようにしてください。

この姿勢が持てると、たとえば、同じ「英語を使いたい」ことを面接官に伝えるときでも、表現はこんな具合に違ってきます。

●権利主張（自己満足）型：

「私は英語が得意ですから、御社の仕事で英語を使わせてください！」

●貢献（自己PR）型：

「私は留学で英語力を磨いて参りましたので、もし御社で英語を使えるシーンがあれば、英語面でも御社に貢献できると思います」

さぁ、あなたが面接官でしたら、どちらを採用したいでしょうか？

第5章

Q＆A集（留学前、留学中、帰国後編）

●海外へ行くと就職に不利になると聞いたのですが、実際はどうなんでしょう？

この質問は実に多くの方から寄せられます。海外留学や就業体験をしたからといって就職が保証されるわけではありませんが、この質問にあるように、不安になる必要もありません。本書で繰り返し述べているように、企業の採用場面で最も大切なのは、「海外留学したこと」ではなくて、「海外で何を経験し学んできたのか？」「どんな能力が向上し、成長できたか？」「海外で身に付けた力を、今後どのように生かし、企業に貢献できるのか？」が、企業の求める人物像に該当するかどうかです。

それらを面接時にしっかりアピールできるなら、答えは間違いなく「不利」ではなく、むしろ「有利」になります。

現在、日本は確実に労働力人口が激減しています。この勢いは止められません。年々人が減っているのです。その結果、日本人だけだと現在の生産性が維持できず、外国人の手を借りなければやっていけなくなります。そのときには、外国人とうまくコミュニケーションがはかれたり、彼らとの橋渡しできる人材は必ず求められるはずです。その意味では、海外留学経験者は今以上に重宝されると私は考えています。

私はこの手の質問が寄せられると、逆にこう質問しています。

「これからは国内にいても、益々外国や外国人との接点が増える世の中になります。そのとき、今のあなたで勝負しますか？　それとも、日本を飛び出し、異国の地で自分を磨き、人種を問わず、物おじせずにコミュニケーションがはかれるあなたで勝負しますか？」と。

どちらが正解、不正解ではありません。どちらを選択するか、です。それはあなた次第です。

※労働力人口とは一五歳以上で，労働する能力と、意思をもつ者の数をいう。（ブリタニカ国際大百科事典より）

●英語のアクセントが強い英語圏に留学しても、企業はそこで得た英語力を評価してくれないと聞いたけど本当でしょうか？

そんなことはありません。言語はコミュニケーションツールでしかありません。したがって、重要なのは「アクセント」よりも、むしろ「話す内容・中身」のほうです。

普段、仕事の場面で英語を使う企業であれば、そのことを十分理解しています。

つまり、自分が言いたいことを自由に表現できて、相手の言っている内容を理解できるだけの英語力があるのであれば、どこの国で英語を学ぼうが問題ではありません。

現実に、英語を学んだ国を問わず、留学後にその国で習得した英語力を生かして活躍している方は大勢いるのです。そのような方から、国のアクセント（訛り）が、就職活動でマイナスに評価されたなどという報告は、これまで一度も聞いたことがありません。

どんなに英語をネイティブ並のきれいな発音で話せても、話の中身がなかったり、英文が幼稚であれば、逆に教養のない人と思われてしまったり、相手に不快感を与えかねません。こうした事実をもっと知るべきでしょう。特に海外では、その人の持つアイデンティティ、考え方、哲学のほうに重点が置かれます。ベタなジャパニーズイングリッシュであったとしても、話の内容や表現がしっかりしていて、相手に伝わる十分な英語表現ができたら、英語圏の人たちからすると、〝第二外国語を話せる教養のある日本人〟と見られるでしょう。

万が一、留学国によって、英語力を評価してくれない企業があったとしたら、あなたがその企業を評価しなければよいだけの話です。就職活動というのは、求職者側にも企業を選ぶ権利はあるのですから。

●就職に有利になる英語の資格にはどんなものがありますか？

このご質問にお答えする前に、前提としてお伝えしておきたいことがあります。それは、あなたが英語圏に留学したとしたら、最低限「英語力を評価する資格」を保持しておくことです。これは、企業に求められようが、そうでなかろうが、確実に取得しておきたいものです。

その理由は、留学したにも関わらず、その国の語学力を判定する資格を一つも持っていないと、企業から、単に海外に遊びに行っただけと思われてしまうケースがあるからです。

次に、具体的な資格について述べます。

英語力を測る資格で代表的なものを挙げると、ＴＯＥＩＣ、ＴＯＥＦＬ、ケンブリッジ英検、ＩＥＬＴＳなどがあります。

簡単にそれぞれの資格について解説します。

まず、英語を使う企業の求人票などでよく見かける応募条件に、ＴＯＥＩＣがあります。現在この資格は、採用の際に英語力を求める日本の企業にとっては、圧倒的に知名度が高く、英語力を判定する指標としてよく使われています。ですから、日本の企業で英語を使いたいのであれば、この資格を取得しておくことをお勧めします。スコアは企業によりますが、一般的に英語力を求める企業の場合は、七三〇以上と言われているようです。もちろん、七三〇以下であっても一定の英語力があると認めてくれる企業もありますので、あくまでも目安と考えてください。

ＴＯＥＦＬは、世界で広く受け入れられている英語能力試験で、オーストラリアやカナダ、英国、米国を含め一三〇ヵ国九〇〇〇以上の大学や機関に認められています。ただ、企業よりも海外の専門学校、大学、大学院などアカデミック向けの試験であるため、現状ではそれほど企業の応募条件に使われることはありません。

ケンブリッジ英検は、イギリス、カナダ、オーストラリアなど一五〇ヵ国以上で実施されている英語検定試験で、さまざまな教育機関や企業に認められています。残念ながら、日本での知名度はまだ比較的低いですが、英語を使う企業であれば評価してくれます。国内にある外資系企業であれば、知名度はＴＯＥＩＣ以上に高い資格です。

この資格の取得が可能な国であれば、受験されることをお勧めします。ちなみに、この資格は、五つのレベルに分かれており、英語を使う企業であれば、最低限中級以上であるＦＣＥは取得しておきたいところです。

ＩＥＬＴＳは、イギリス、オーストラリア、カナダなどへの海外移住申請に最適なテストと言われています。イギリス、オーストラリア、カナダ、ニュージーランドなどの高等教育機関で認められています。こちらも日本の企業ではまだ認知度が低く、どちらかというとTOEFL同様、教育機関のようなアカデミック系の印象が強いかもしれません。

以上のどの資格を取得してもあなたの英語力を証明できますが、一般的に企業向けという意味でいうと、日本企業の場合であればTOEIC、外資系企業であれば、ケンブリッジ英検が知名度が高く、評価されやすいでしょう。

いずれにせよ、これらの四つの資格のうち、何か一つは取得し帰国されることをお勧めします。

●海外生活中にどんな資格を取ると帰国後の就活に役立ちますか？

まず、資格全般に関して言います。たとえば、求人票などに「MBA取得者」など具体的な資格が応募条件になっている企業もありますが、資格の有効性は企業によりけりです。MBAを重視する企業もあれば、参考程度に扱う企業もあります。

では、「海外で取得できる資格」の場合はどうか。これまで数多くの企業人事の方と意見交換をした経験からいうと、特に「海外で取得できるこの資格があると有利になる」と具体的な資格を挙げられたことはありません。

たとえば、あなたが海外で何かの資格を取得したとしましょう。ところが、資格は取得したものの、これまで実務経験がないとします。その状態で帰国後に企業面接に行きました。面接会場には、あなた以外にもう一人候補者がいます。その人は資格はありませんが、資格に関連する実務経験はありました。

さぁ、この場合、企業の採用担当官はどちらを評価するでしょうか。

答えは、後者の候補者が圧倒的に有利になります。

だからといって、海外で資格を取得する意味がないということではありません。かりに実務経験が全くなくても、資格取得の過程において学ぶことは多いですし、資格取得という成果を形に残せるため、達成感も味わえるはずです。なにより、海外で資格を取得できたという自信につながるでしょう。海外で資格を取得するということは、当然外国語を使ってチャレンジするわけですから、語学力も磨かれるでしょう。

もし海外で取得したい資格があれば、ぜひチャレンジしていただきたいと思います。もし帰国後にあなたのアプローチする企業がそれを評価してくれたならそれに越したことはありませんからね。

いずれにしても、企業は資格そのものよりも、実務経験のほうを評価するケースが多いということです。まずは、そのことを認識しておきましょう。

●帰国後に英語を使う仕事をしたいのですが、どんな英語を学べばいいのでしょうか？

講演や研修などで、私は参加者に対してこんな質問をすることがあります。

「英語を使って自分が仕事をしている姿を想像しみてください。そのとき、あなたはどんなことをしていますか？」

そうすると大概の人は「外国人と英語でペラペラ交渉しています」とか「外国人の同僚と楽しそうに雑談しています」などと答えてくれます。

もちろん、こうした場面は実際に見られる光景なのですが、通訳業は別として、実は英語を使う仕事で最も多いのは、ビジネス文書の「読み」「書き」なのです。この点を忘れてはいけません。

仕事で英文の読み違いなどがあった場合、会社に致命的な損害を与えることもあります。その際に、「いや、私は日本だから……」という言い訳は一切通用しません。

また、ビジネスの場では英文を書くことはとても重要です。英語がいかに流暢に話せても、書く文章が稚拙であったり、スペルミスが多いと相手に信用されません。

繰り返しますが、英語を使う仕事を目指しているのでしたら、ビジネスのシーンでは「読み」「書き」が重要ですので、「話す」英語ばかりに拘らず、しっかりそれらも勉強をしておいてください。

それともう一つは、いろいろな国の英語の癖（アクセント）に慣れておくことです。

英語というと、大概欧米人の話す英語を想像しがちですが、現在世界中でもっとも話されている英語は、英語を母国語としない、つまりノンネイティブの人たちが話す英語です。アジア人が話す英語であったり、中東の人たちが話す英語であったりとさまざまですが、いずれも英語のノンネイティブの人たちが話す英語です。ですから、さまざまな国の人が話す英語の訛りやアクセントに慣れておくことは、ビジネスシーンにおいてとても役立ちます。

海外留学当初は、ほとんどの方が語学スクールから始めるでしょうから、その学校に各国から集まる人たちと積極的にコミュニケーションをはかり、いろいろな英語に慣れておくことをお勧めします。

●帰国後の就活を見据えて、現地ではどのようなことを経験しておくといいのでしょうか？

大きく分けると二つあります。それぞれについて見てみましょう。

（1）主体的に活動し、周囲に好影響を与える経験

第3章2（1）でも述べましたが、やはり海外のコミュニティに入り、主体的に活動し、そこで周囲に好影響を与える経験です。

留学中に「インターンシップをした」、「ボランティアをした」、「アルバイトをした」というだけでは企業に対してアピール力が欠けると述べましたね。大切なことは、それぞれの活動のなかで、自分がいかに主体的に働きかけることができたか、周囲の人に好影響を与えたか、です。これを伝えることで、あなたが言われたことをただこなすタイプの人ではなく、自分で考えて行動できる人、つまり自分で成長できる人だということを証明できます。第3章2（5）でも触れたフィールドワークもいいと思います。これらを経験する

ことで、あなたの「行動特性」を企業に強烈にアピールできるでしょう。

(2) トラブル克服経験

海外で生活している以上、何かしらのトラブルに遭遇するものです。文化や価値観の違いから生じる人間関係のもつれのほか、事故などもあるかもしれません。これらを前向きに受け入れることはたいへんですが、人はトラブルを克服する過程において人間的にも成長できるのです。またトラブルに遭うことで、それを解決しようとその国の言語を必死で使おうとします。その結果、語学力もアップします。

企業面接の際に、留学生によく質問されることがあります。

それは「留学中にどんな苦労がありましたか? それをどのように解決できましたか?」という質問です。

この質問の狙いは、トラブル克服経験を確認することで、その人の「問題解決力」「ストレス耐性」などの行動特性を推測することです。

積極的にトラブルに遭遇しようとする必要はありません。普通に生活していてもトラブルに遭遇するものですから、その場面に遭ったときに、次のように考えるようにしてください。「このトラブルを克服する過程で、『人間的に成長できる』『語学力がアップする』

『面接のときの話のネタになる』。一石二鳥ならぬ、一石三鳥だ！」と。どうせ同じ苦労をするのであれば、いやいやトラブルに対峙するよりも、トラブルのメリットを考え解決に向かったほうがいいですよね。

いずれにしても、この二つは留学中に経験しておかれると良いでしょう。

●友人に留学を反対されて留学をするかどうか揺れています。そんなときは、留学に行かないほうがいいのでしょうか？

この質問をもらうと、私はまずこう聞くことにしています。

「留学に反対したその友人は、実際に留学した経験はあるのですか？」と。

すると驚くべきことに、大半は、「いいえ」と返答されます。

おかしいと思いませんか？　留学したこともない人が、どうして留学の有効性を語れるのでしょうか？　そして留学を検討している人が、どうして留学を経験したことが無い人の話を鵜呑みにしようとするのでしょうか？

実はこれはとても大切なことです。私がお勧めしている相談者を選ぶ方法は、できるだけ留学経験者を選ぶことです。やはり百聞は一見に如かずで、実際に留学した人の話を聞くのと、そうでない人の話を聞くのでは、信ぴょう性や説得力が断然違ってきます。

もう一つは、一人の経験者だけではなく、できれば、複数の経験者に確認することです。一人の場合、経験が偏っているケースがあるためです。

話を質問に戻しますが、留学すべきかどうかの答えは、あなたのなかにしかありません。要するに、あなたがどうなりたいのか？　その自分になるために、果たして留学という手段は適切なのかどうか、だと思います。

留学経験のない友人の話を鵜呑みしてはいけません。その友人はあなたに良かれと思ってアドバイスをしてくれているのかもしれませんが、親しい友人であるほど、同時にあなたに「今のままでいて欲しい」、「あなたに変わって欲しくない」という心理が働くケースもしばしばあることを知っておきましょう。

身近な人が良い方向に変わってしまうと、自分自身が敗北感を感じることもあるからです。人の心理は複雑ですよね。

いずれにしても、留学はあくまでも手段です。留学すべきかどうかは、あなたが自身の「成りたい姿」に近づくための適切な手段となり得るかどうかですから、本書を繰り返し読み、適切な相談者を選んで決断されることをお勧めいたします。

2　留学中編

●帰国後の就活に有利な時期や不利な時期はあるのでしょうか？

帰国後の就活は学生と社会人によって若干異なりますので、分けて解説します。

まず学生組ですが、これまでは大学生の場合、学部三年生（修士一年生）の一二月から採用・説明会情報などが解禁されていましたが、現在（二〇一五年現在）、二〇一六年卒（学部三年生／修士一年生）予定の就活生からは、学部三年／修士一年生の三月からの解禁となり、選考の開始は八月からとなりました。つまり、三ヵ月開始時期が遅くなったのです。

したがって、在学中に留学をする場合は、三年（修士一年生）の三月までに帰国することで通常の学生と同時期に就活を開始できることになります。これまでは一二月から開始ということで、一一月までに帰国して就活に臨む学生が多かったのですが、三ヵ月延びたことで留学生にとっては若干安心材料になったかもしれませんね。

但し、一般的にアメリカ、カナダなどでは六月卒業ですし、イギリスでは七月や九月卒業、オーストラリア・ニュージーランドは七月、一二月卒業など、国よって卒業時期がまちまちです。その場合は、三月の就活開始時期に帰国が間に合いません。

しかし、現在はそれほど心配する必要はありません。なぜならば、留学生に門戸を開いている企業は、留学生の帰国時期に合わせて一〇月からの秋採用を実施していたり、留学生獲得のため、ざわざわ海外へ出向きジョブフェアなどを開催し、留学生のための採用活動をしているからです。また中小企業などは、入社時期のギリギリ前まで採用活動をおこなっていることもあります。

私の担当した学生は、どうしても帰国時期が就活の開始時期に間に合わなかったため、海外から志望企業に直接帰国時期が遅れる理由と面接のお願いの手紙を出したところ、例外的に面接に応じてくれ、大手企業から内定を獲得しました。

私は学生に対して、帰国時期が遅れたとしても、諦めずに志望企業にアプローチしてみることをお勧めしています。前述の学生の例のように、海外にいる間に企業にアプローチすることも可能ですし、どうしても入りたい企業があれば、卒業時期の関係上、帰国時期が遅れてしまうような場合であっても、積極的にアクションを起こすべきだと考えています。

留学経験者のあなたは、未知の世界に飛び込んでいくだけのチャレンジ精神があるのですから、それを企業にぶつけてみてください。

次に社会人組ですが、基本的に社会人の場合は中途採用で欠員募集が多いため、多少求人が増える時期（一二月〜二月、夏のボーナス期）に有利という事情はあるものの、基本的には帰国時期の有利、不利はありません。ちなみに、留学中に、滞在地域の日本人会などにコンタクトをとり、交流を深めていくうちに、メンバーの方から日本の企業の知り合いを紹介され、その企業に就職したケースもあります。

留学先では、いつ何時どんな出会いがあるか分かりません。だから、現地では交際範囲を限定せずに、幅広く知り合った方々と交流をされることをお勧めしています。

●中途採用の場合、帰国日のどれくらい前から就活をはじめれば良いのでしょうか？

社会人の場合、学生と違い卒業などは関係ありませんから、帰国後にいつでも就活が始められると思います。ですから帰国直後から開始しても問題ありません。

しかし、それでは心配な方もいるでしょう。その方のために少しアドバイスをしておきます。留学中にできることとして、リクナビやマイナビなどの就活サイトへ登録しておくことがあります。時間があるときに、どんな求人があるか確認しておくと良いでしょう。各就活サイトには、フリー検索機能がありますので、自分の気になるキーワードを入れてみてください。ヒットすればいろいろな求人が出てくるはずです。たとえば、仕事で英語を使いたいのでしたら、フリー検索で、「英語」と入れれば英語に関連する求人が出てきます。

前述したように、中途採用の多くは欠員募集ですから、企業側は、たいてい今すぐ人材が欲しい状況にあります。そのため、帰国の数ヵ月も前からエントリーしてもタイミングがあいません。また、幸い面接のオファーが届いても、帰国してすぐに面接するわけにもいかないでしょう。ですから、帰国する一ヵ月前あたりから本格に企業エントリーを始めるといいと思います。そうしておくことで、帰国後すぐに面接をするケースも出てくるでしょう。

あるいは、就活サイトだけではなく直接企業のホームページなどを確認し、採用ページがあればそこに記載されているプロセスに従い、なければ企業へ直接メールなどで応募が可能かどうか打診してみても良いでしょう。その場合、やはり帰国の数ヵ月前からでは早すぎるため、帰国予定の一ヵ月前あたりから企業にアプローチしてみてください。

求職側からすると、求人情報は求人サイトや求人媒体にしか掲載されていないと思いがちですが、実は求人の記載がなくても、企業のなかには「いい人材がいたら採用したい」と考えている企業も意外と多いのです。だから、求人の掲載がないからといって諦めることはありません。直接企業へアプローチする方法も就活手段の選択肢として考えておいてください。

●英語学校では、ノンネイティブの人と交わる機会が多いのですが、そこで学ぶ意味があるのでしょうか？

大いに学ぶ意味はあります。本書で解説したように、現在世界でもっとも話される言語は英語ですが、英語を話す人のなかでも圧倒的に多いのは英語を母国語としない人たちです。ある意味、ノンネイティブの人たちが話す英語が世界の共通語と言えるのかもしれません。

だから、さまざまな国の人たちが話す英語の癖（アクセント）に慣れておくことは将来必ず役に立ちます。英語を母国語としないヨーロッパ人や中東、アジア、アフリカ、南米の国々の人たちの話す英語にはそれぞれ独特のアクセントがあります。もちろん、私たち日本人の話す英語のアクセントにも独特のアクセントがあります（英語を母国語としない人たちの耳にはそう聞こえるようです)。

いずれにしても、ノンネイティブの人の話す英語に慣れておくことは、決して無駄ではないということを認識しておいてください。語学学校には世界中から学生が集まります。そこはある意味、人種の宝庫と言えるかもしれません。一ヵ所でこれほど多くの国籍の人たちが集う場所はそうそうあるものではありません。語学学校は、そういう人たちと触れ合う絶好の機会と言えます。

とは言っても、せっかく日本を離れたのですから、現地人との交流の機会が少ないというのも寂しいものです。語学学校では、どうしても学校の先生やスタッフ以外、ノンネイティブの人たちとしか交流ができません。そのことに不安を抱く方は、本書で述べているような手段で、現地の人たちとの交流をはかってください。そうすれば、どちらの英語にも触れることができるので一石二鳥です。ノンネイティブの友人のなかに、現地人の友人がいる可能性もありますから、その人を介して紹介してもらうのもいいかもしれません。

語学学校にはもう一つのメリットがあります。それは、世界中にオフラインで作った友人ができることです。これは将来の自分の財産になります。

ここであなたにお勧めしたいことがあります。それは、「友だち世界地図」を作成することです。まず世界地図を購入し、自分の机の前に貼り、その日できた友人の出身国の地図の上に、名前とメールアドレスを書き入れるのです。こうすることで、留学中にできた世界中の友人を可視化できます。地図がどんどん埋まっていくと、達成感を得られたり、モチベーションもあがったりします。こうしてできた地図は、あなただけの人的ネットワーク図になるのです。素敵ですよね。帰国してからもきっと宝物になるでしょう。

ぜひ「友だち世界地図」の作成をお勧めします。

●インターンシップをしているのですが、補助的な仕事しかさせてくれません。あまり意味を感じられないのですが、このまま続けるべきでしょうか？

この質問に回答する前に、まずはインターンシップに関して知って欲しいことがあります。

それは、一般的に海外のインターンシップは、補助的な仕事がほとんどだ、ということです。考えてみると当然かもしれません。インターンシップは、学校の授業とは異なり、一般の企業に入って仕事をするのです。企業は収益を上げることが目的である以上、本来戦力となる人を求めるわけです。そうした場において、私たち日本人留学生は、明らかに語学のハンディを背負っています。その結果、どうしても補助的な仕事がメインになってしまいます。またインターンシップに申し込みをしたものの、必ずしも自分が希望した業界や業種でない企業に行くケースもあります。インターンシップは、留学生の事情よりも、あくまでも企業の事情で物事が動くものだと考えてください。

そのため、上の質問のように、インターン先で補助的な仕事をさせられ、悩む人もいるわけですね。私はこのような相談をされるときに次のようにアドバイスをしています。「せっかく獲得したインターン先なので、辞めることはありません。そのまま継続することをお勧めします。ただし、これまでとは違う姿勢で仕事に取り組んでみてください」と。

どういうことかというと、これまで通りに仕事に取り組んだところで、補助的な仕事しかもらえませんので、依頼された仕事を早めに仕上げ、他の仕事をやらせてください、と直談判するのです。インターンシップでは、上司から言われたことを単にその通りにしかやらないと、これまで通りの仕事しかもらえません。しかし、言われた以上のパフォーマンスを出し続け、チャレンジしたい仕事があれば「こんな仕事をやらせてください」と直談判することによって、徐々に違う仕事を任せられる可能性がでてきます。

指示された以上のパフォーマンスを出し続けていれば、当然上司から信頼されてきますので、その上で自分のやりたいことを提案すると要望を受け入れてもらえる可能性は高まります。海外では直談判したもの勝ちです。ですから、二、三回断れたくらいで諦めずに、常に指示された以上のパフォーマンスを心がけ、それを継続し、直談判してみてください。

実は、このような仕事の姿勢を継続することで、あなたの主体性や提案力などさまざまな能力が鍛えられますし、何より自分が成長できます。そうしてできたストーリーを面接時に話すことで、あなたは指示待ちのタイプではなく、「自分から動ける人」だという好印象を与えることにつながります。

こうした積極的な姿勢はインターンシップだけにかぎったことではありません。自分にとって好ましくない状況にであっても、自分から周囲に働きかけ、状況を変えていくようチャレンジしましょう。

●インターン先から証明書を発行してくれるようなのですが、それはどれくらい就職活動に効力があるのでしょうか？

インターンのプログラムによっては、終了時にインターン先から修了証明書や推薦状を発行してくれることがあります。それは、自分が頑張ってきたことの証になりますから、発行してもらえるに越したことはありませんよね。

但し、これらの証明書や推薦状が、帰国後の企業の採用場面で効力を発揮するかといえば、答えはＮＯと考えてください。

企業が求めているのは、証明書や推薦状ではなく、そのインターン先でどんな姿勢で仕事に取組み、どのような仕事をこなしてきたか、です。

そうした実際のエピソードのなかから、あなたの行動特性を知ろうとします。

ですから、前の質問でも回答したように、外国の企業のなかで、自分の置かれた状況を自ら変えたようなエピソードを伝えることです。企業は、そうした話を興味深く聞いてくれます。できれば、企業のなかで自分が主体的に行動し、周囲に好影響を与えられたような話をしてください。きっと歓迎されるでしょう。

繰り返しますが、証明書や推薦状よりも、インターン経験中のエピソードのほうをアピールしていきましょう。

●今、アルバイトとインターンシップをするかで迷っています。どちらが就職に有利になりますか？

ズバリ回答を述べますと、アルバイトでもインターンシップも同じだと考えてください。大切なのは、そこで自分がどんな活動をし、何を学び、今後その経験から企業にどのように貢献できるのか、それをイメージできるようなエピソードを作ることです。

どちらを選ぶかは、アルバイトであってもインターンシップであっても、あなたが将来やりたいことにより近い経験が積めるものを選ぶことをお勧めします。たとえば、ツアーガイドがやりたいのであれば旅行会社でしょうし、ホテルマンになりたいのでしたらホテルや接客業でしょう。それができるのであれば、就業形態はどちらでも良いということです。

もしまだ将来何をやればいいのか迷っていたり、業種が絞れていないのでしたら、「自分がより成長できそうな仕事内容」を選ぶことです。なぜならば、企業は自分で成長できる人を求めているからです。そうして就いた仕事をしていくうちに、自分はどんなときにモチベーションがあがり、嬉しくなり、楽しくなるのか。反対にどんなときにモチベーションが下がるのかなど、仕事をしながら自分自身を観察しておくと良いでしょう。そうしていくうちに、自分の進むべき道が見えてくるかもしれません。

●なかなかアルバイト先が見つかりません。どのようにすれば見つかるでしょうか？

アルバイト先の探し方をいくつかご紹介しましょう。

・craigslistのような現地のクラシファイド（掲示板）を利用する

第3章2（3）でもご紹介した現地のクラシファイドサイトはとても便利です。サイトは一回見て終わりではなく、更新されますので、随時チェックしておくことをお勧めします。

・日本食レストランなどにおいてあるフリーペーパーの求人情報を見てみる

この場合、どちらかといえば、日本人向けのフリーペーパーのため、日本人や日本語を使うアルバイト先が多い傾向にあります。

・友人に紹介してもらう

特にアルバイトしている友人が帰国するときが一番のチャンスです。

友人が帰国すれば、欠員がでるためです。ですから、日ごろから周囲には仕事を探している旨を伝えておくと良いでしょう。いつチャンスが巡ってくるかわからないからです。

・留学エージェントの現地オフィスを尋ねてみる

留学エージェントの現地オフィスというと、何かトラブルが起きたときに活用する場所と考えている方も多いのですが、さまざまな情報ソースの場でもあるのです。現地の情報はやはり現地にかぎります。積極的に活用してみてください。

・アルバイト先へ直接アプローチをしてみる

日本ではあまり見られない方法ですが、海外では仕事探しの有効な手段です。ベタな方法ですが効果はあります。たとえば、ショップで働きたいと思っていた留学生が、たまたま目に入ったショップに立ち寄って、ダメもとで打診をしてみたら雇ってくれた、といったケースは結構あります。ですので、常にＣＶ（履歴書）は数枚持参しておきましょう。

●どうしても目先の生活費が必要なため、見つけやすい日本食レストランでサーバーのアルバイトをしています。こんな私が企業にこの経験をアピールするにはどうすればいいでしょうか？

ワーキングホリデービザで渡航する方のなかには、現地でアルバイトをし、生活費を稼ぎながら滞在費を賄うという人も多いでしょう。その場合、やはり海外にいるので、できればローカルの会社やお店で仕事したいという人も多いと思います。ところがいざローカルでのアルバイト先を探してアプローチしてみても、断われ続けるなど想像以上に苦労するのが普通です。しばらく探してもなかなか決まらないときには、とにかくまずは生活費が必要とばかりに、わりと見つけやすい日本食レストランに落ち着く留学生も実は多いのです。

そのため、上のような質問がしばしば私のもとにも寄せられるわけです。

私はこの質問に対して、次のようにアドバイスしています。

「サーバー（ウェイター／ウェイトレス）でしたら、**自分のファン作り**にチャレンジしてみることです」と。

海外では多くのレストランがチップ制です。

つまり、人気があるサーバーにはチップが弾むわけですね。現地の日本食レストランであっても、お客さんのほとんどは現地人のほうが多いのが普通です。だから、お客さんとの会話は、英語圏であれば英語がメインになるため、英語を駆使しなければなりません。

そういう環境のなかで、自分のファン作りをしようとしたら、お客さんと外国語で話すだけでなく、それなりのコミュニケーション力・話術と気配りが必要になってきます。ただ漠然と仕事をこなすのではなく、それらをいろいろ考えながら仕事をしなくてはなりません。

さて、ここで企業側の視点について述べます。一般的に日本食レストランといえば、企業側は「日本語の環境であるし、海外で仕事をしている意味もないのではないか」などとマイナスに判断することもあるでしょう。これに対し、あなたは面接時にこんな発言もできるはずです。

「日本食レストランで働いていましたが、せっかく海外にいるのですから、その環境のなかで、語学力向上も含め、どのように自分を成長させようかと考えました。そこで考えたことは、漠然と仕事をこなすのではなく、就業中自分にタスクを課そうと決めたのです。それは、自分のファン作りです。私に会いにきてくれるくらいのファンを作ることです。具体的には、月に私のファンを三人作ることを目標としました。日本食レストランといえども、お客様はほとんど現地人でしたので、自分のファンを作るためには、英語でコミュニケーションをはからなければなりません。私はファン作りのために、～のような工夫を凝らし、接客に努めました。その結果、目標を達成し、かつ売り上げも○％アップさせることができました。レストランのオーナーにも感謝され、『ビザの切り替えは面倒みるから、このまま社員として残ってくれないか』という有難い打診までいただきました。……」

いかがでしょうか？　このエピソードによって、企業にこんなことを伝えられるはずです。

「環境が、たとえ自分にとって好ましくないと思えるところであっても（日本食レストラン自体が好ましくない環境と言っているのではありません）、自分が成長できる方法を考え実行できる人物です」

ただ日本食レストランで働いていました、という人との印象とは格段に違ってきますね。

企業から「どうせ日本食レストランで働いていたんでしょ？」と言われたときのために、あなたが頑張ったことを堂々と切り返せるくらいのエピソードを作りましょう。「そうなんです。なかなかローカルの仕事を見つけるのは大変でしたので……」と言い訳したところで、企業の採用担当官は同情してくれません。

日本食レストランだけにかぎったことではありませんが、自分がいる環境が、ときに自分の成長にとって不利に思えても、どのようなことにチャレンジしたらより成長できるのか、という視点を常に持ち、物事に積極的に挑戦して欲しいと思います。

3　帰国後編

●私は大学を卒業して、そのまま留学したのですが、帰国後は新卒になるのでしょうか？どんな就職活動をすればいいのでしょうか？

一般的には、大学を卒業してから留学し、帰国後に就活をする場合、一旦卒業していることから「新卒」扱いではなく、「既卒」扱いになるのが普通です。つまり、中途採用枠となります。しかし現在は、企業によっては、卒業してから二、三年以内であれば、新卒と見なしてもらえるケースもあります。

この点についてはその企業のホームページを確認してください。ホームページには、その旨が記載されているはずです。もし記載がない場合には、直接その企業に確認をしてもいいでしょう。

私は、学校卒業後に留学した人が就活をする場合には、「新卒枠」と「中途枠」との両方からのアプローチをお勧めしています。

まず、「新卒枠」からです。新卒といっても、一旦卒業していることから、すべての企業が「新卒」として見なすとはかぎりません。ですので、まずは志望企業に「新卒枠」として受けさせてもらえるかを確認します。受けさせてもらえるのであれば、通常の学生の採用プロセスにそってアプローチすればいいのです。具体的にはリクナビやマイナビなどの就活サイトを利用したりします。また、念のため、大学のキャリアセンターにも訪問してみることです。なぜ大学のキャリアセンターを訪問するのかというと、卒業後、一、三年以内であれば、「新卒枠」として見なす企業の求人票が、大学のキャリアセンターに届いているケースがあるためです。カウンセラーに相談してみましょう。さらに、大学を訪問したついでに、大学のゼミの先生にも挨拶をしておきましょう。先生によっては、研究の関係上、企業とのパイプを持っている場合もあるので、ゼミの先生に自分の状況を説明し、相談してみてください。

次に「中途枠」からのアプローチですが、就活サイトを活用するとともに、ハローワークにも足を運ぶことをお勧めします。ハローワークによっては、新卒応援ハローワークという部門があり、新卒の求人だけではなく、卒業後、二、三年以内の方、つまり第二新卒と言われる層の人たち向けの求人もあるからです。既卒の留学帰国組の方にはお勧めできる公的機関と言えます。また、最近では、国内で留学生向けのジョブフェアなども開催するようになりましたので、積極的に参加するようにしましょう。

一般的には、既卒組は学生でもなく、社会人経験もないため、新卒組よりも就活が厳しいという面があります。しかし既卒組には、新卒組のように三月の卒業を待つ必要がないという強みがあります。すでに卒業しているため、いつからでも入社が可能なはずです。今すぐにでも、ガッツがあり、社内に新しい風を吹き込んでくれそうな社員を求めている会社もあります。そのような会社であれば、いつからでも働ける状況は、逆にメリットになるわけです。

既卒の場合、新卒と違い、入社後に十分な研修期間がないことに不安を持っている人もいますが、企業によっては、個別に研修してくれたり、来年度の四月の新入社員と一緒に研修に参加させてくれる企業もあります。

このように、既卒は不利な条件ばかりではありません。「既卒」という立場を逆手にとり、積極的に「新卒採用」と「中途採用」の両方のプロセスを利用して頑張りましょう。

●語学学校で取得したサティフィケイトは、資格の欄に書いてもよいのでしょうか？

語学学校で取得したサティフィケイト（修了書）を資格の欄に記載してはいけないというルールはありません。しかし、資格の欄は基本的には公的な資格や民間資格を記載する箇所ですので、語学学校で取得したサティフィケイトは記載しないのが普通です。

しばしば語学力の評価テストを受験していないため、語学力の証明ができないということで、それに代わる資格として、語学学校で取得したレベル入りのサティフィケイト（修了書）を記載する人もいますが、記載しても、企業の採用担当官は、その語学学校の修了書がどれほどの語学力を証明してくれるかは分かりません。

したがって、語学力を証明したい場合には、やはり本書で述べたように、ＴＯＥＩＣなどの英語力判定テストを受験し、記載することをお勧めします。

なお、語学学校ではなく、大学、大学院や専門学校の修了書ではあれば、むしろ記載しておくと良いでしょう。

●何も資格がないのですが就活が心配です。大丈夫でしょうか？

すでに本書で述べているように、企業は資格よりも実践を重視します。したがって、一般的な求人に関していえば、資格は入社の際の絶対条件とはなりません。ＭＢＡのようにピンポイントで専門性を求める求人は別として、一般的に海外で取得できる資格に関しては、それがないことによって就活で不利になるということはありません。心配は不要です。

ただし、せっかく海外留学をされているのですから、最低限、留学先の語学力を証明できる資格は履歴書などに記載したいところです。

その理由は本書で繰り返し述べていますが、採用担当官によっては、留学帰国者が語学力を証明できる資格を取得していない場合、海外には勉強ではなく、遊びに行ったとナナメに見てしまう採用担当官もいるからです。

●英語の資格は何もありません。それでも英語力をアピールしたいのですが、どのようにアピールすればいいのでしょうか？

これは英語だけにかぎらず、英語以外の言語でも同じことが言えますが、もし留学中に、何らかの事情で語学力を証明できる資格を取得していない場合には、履歴書の『特技』の欄に「英語（何語でも構いません）を使ってのコミュニケーション力」と記載してください。そして、あなたがインターンシップやボランティア、アルバイト、サークル活動など何らかのコミュニティに参加し、周囲の現地人と円滑なコミュニケーションをはかってきたことなどを簡単なエピソードを交え、それを特技として記載してみると良いでしょう。

企業によっては、しばしばこの方法が功を奏することがあります。

本来であれば、語学力を証明するにはズバリ資格を記載するのが一番手っ取り早いのですが、これらの方法であなたの語学力をアピールできることがあるのは知っておいてください。

ただし､評価されるか否かは、あくまでも企業の判断によることは言うまでもありません。

なお、試験は苦手でも、実際の会話力がある人もいます。そのような方が試験を受けてみたものの思うようなスコアが得られなかった時には、履歴書にはあえて資格のスコアを記載せずに、前記のようにアピールするのもいいと思います。

●今回のワーホリで英語力が思うように身につかなかったので、国を変えてもう一回ワーホリをすべきか、それとも就職活動をすべきか迷っています。どうすればいいでしょうか？

実はこの質問は意外に多く寄せられます。

私は、語学力が身に付かなかったからという理由で国を変えて再度ワーホリに参加することにはあまり賛同しておりません。

これまで数多くの留学生を見てきて言えることなのですが、『語学目的』で国を変えて二度目のホーワリに参加し、満足が得られるほどの語学力を取得して帰国したという留学生はあまり見たことがありません。

誤解のないように申し上げますが、これは決して二度目のワーホリ自体に反対しているということではありません。

私が言いたいのは、二度目に参加するワーホリの動機がとても重要だということなのです。

『最初から二年間ワーホリを決めていた』とか、『最初のワーホリであまり仕事をする機会が持てなかったが、どうしても海外でのワーキング体験をしておきたいから国を変えてそれにチャレンジしたい』とか、あるいは語学以外の目的、たとえば『海外にいなければ勉強できないことにチャレンジするため』、『最初のワーホリでやりたいことが見つかり、次にそれをもっと突き詰めたいため』といった目的で二度目のワーホリにチャレンジするのであれば賛同しています。

しばしば、このようなタイプの方がいます。

「今回のワーホリ中にTOEICを受験したが、五〇〇点であったため、帰国後の就活を考えると、最低でも七〇〇点以上は欲しい。そのために、もう一回ワーホリに参加したい」。

私が賛同しないのはこの手のタイプです。

なぜかというと、かりにこの方が二度目のワーホリでTOEICのスコアが七〇〇点に届いたとしても、それによって就活に有利になるとはかぎらないからです。仕事で英語を使う企業であっても、英語力のみで採用するわけではありません。ましてや、TOEICのスコアのみで採用ということはありません。たんにスコアの問題ならば、勉強の仕方によっては、国内で七〇〇点を取得することも可能なのです。

だから、そのためだけにわざわざ海外に行く必要はないわけです。

繰り返しますが、これまでの留学生の傾向を見るかぎりでは、最初の一年間のワーホリで思うような語学力が身に付かなかった人が、次の一年間で自分の満足のいく語学力を身に付けて帰国したというケースは見たことがありません。むしろ、ワーホリから帰国した後、就業先が決定し、仕事をしながら独学で英語力を上げている人のほうが多いと思います。それは、最初のワーホリ中に、自分なりに語学の勉強の仕方が分かるので、帰国後もそれを継続して語学力を維持、向上させることが可能だからです。

ですから、語学力向上だけの目的で、二度目のワーホリに参加するのであれば、帰国して就職活動をすることをお勧めします。

おわりに

いかがでしたか？　本書を通じ、あなたの留学を帰国後の就活に生かすためには、留学前のプランニング、留学中の実践および成長記録、そして帰国後の留学生活の振り返りと成長の棚卸しの重要性を十分にご理解いただけたのではないでしょうか？

ここで一つ、付け加えたいことがあります。

私は留学生によくこんなことを言いますが、同じことをあなたにも言っておきたいのです。

『もし留学中に、Aという選択肢とBという選択肢のどちらを選べばよいか迷ったときには、どちらが就活に有利か、あるいは不利になるかを考えるのではなく、**自分がどちらにチャレンジしたほうがより成長できるか**で選択すべし』と。

なぜかというと、結局**企業は自ら成長できる人を採りたい**からです。

もし、現地での行動基準を、就活の有利・不利においてしまうと、失敗を恐れるあまり、発想が縮こまってしまい、物事に伸び伸びとチャレンジできなくなります。それではせっかく人間的に成長できる機会を逸してしまいます。人間的に成長するための留学なのですから、これでは本末転倒ですよね。

常に自分が成長できる選択肢を選んでいくと、知らず知らずのうちに成長し、魅力ある人物になっているものです。成長しているのですから魅力があるのは当然ですよね。

実は、留学の成果というのは、帰国後すぐにあらわれるものばかりではありません。帰国してから五年後、一〇年後、一五年後になって「今のこの状況は、あのとき留学したおかげだ」ということを後になってジワジワと実感することも多々あるのです。これも留学の醍醐味の一つと言えるかもしれません。

そのような素晴らしい機会である留学を通じ、ぜひあなたの人生を味わっていただけたらたいへん嬉しく思います。

繰り返しますが、留学に『失敗』や『無駄』は一切ありません。あるとしたら自分がそう過小評価しているだけです。リスクを恐れず、未知の世界に飛び込んでいけるあなたは勇気ある素晴らしい存在です。そんな自分を肯定してあげてくださいね。

あなたの充実した留学生活と帰国後の就活での成功を心より願っております。

最後になりますが、日ごろから私の仕事を温かく見守ってくれている両親と妻や娘たち、本書を書くにあたり、貴重な資料を提供くださった一般社団法人海外留学協議会様、留学生のキャリア支援のきっかけを与えてくれた株式会社エストレリータの鈴木信之様、私の二四年間に亘る留学事業の師・中田修一様、そして留学生の帰国後のキャリア支援の重要性に共感くださった本の泉社の比留川洋社長と根気強く最後まで編集を担当くださった田近裕之様なしでは本書の実現は叶いませんでした。改めてこの場をお借りして皆様に深く感謝申し上げたいと思います。

●著者紹介

本橋 幸夫（もとはし ゆきお）

有限会社あうとりがー代表取締役
法政大学経営学部経営学科卒後、ファイナンス会社入社。その後渡米し、帰国後、スイスに本部を持つ世界最大級の国際教育機関の日本支社に勤務。2003年に独立し、留学コンサルティング会社、有限会社あうとりがーを設立。その後、留学生の出口である帰国後の就職・キャリア教育の重要性に着目し、留学生向け就職支援・研修会社にて留学生のキャリア支援に携わる。その経験を生かし、現在、留学およびキャリアの両面から留学生を支援している。国内初の留学・キャリアコンサルタントとして活躍中。

これまで留学生支援を開始以来、24年間で、のべ10,000名を超える留学生に接し、留学希望者や留学生帰国者対象に留学・キャリア講演をはじめ、キャリアコンサルティング・就職支援をおこなう。

ホームページ：http://ryugaku-career.com/

《所有資格》
●国家資格２級キャリア・コンサルティング技能士
●米国 CCE, Inc. 認定 GCDF-Japan キャリアカウンセラー
●総合旅行業務取扱管理者

《著書》
『語学留学指南』（ナカニシヤ出版）
『海外で英語をモノにする人、できない人』（マイナビ）電子書籍

留学《りゅうがく》・キャリアコンサルタントが教《おし》える

留学《りゅうがく》帰国者《きこくしゃ》の就活《しゅうかつ》

「就職《しゅうしょく》できない！ こんなはずじゃなかった！」をなくす本《ほん》

2015年7月10日　初版　第1刷　発行
2019年8月11日　　　　第3刷　発行

著　者　本橋《もとはし》　幸夫《ゆきお》
発行者　新舩海三郎
発行所　株式会社　本の泉社
〒113-0033　東京都文京区本郷 2-25-6
電話 03-5800-8494　FAX 03-5800-5353
http://www.honnoizumi.co.jp/
DTP デザイン：田近裕之
印刷　大村紙業株式会社
製本　大村紙業株式会社

ISBN978-4-7807-1235-3　C0036